불교, 소설과 영화를 말하다

− 꿈과 현실의 문턱 −

김호성 지음

정우서적

::::: **서시**

드라마

완벽한 이웃을 만나는 法

우리 회사 옥상이나 휴게실이나
삼삼오오
직원들은 자판기 커피를 손에 든 채
엊저녁의 연속극 이야기다
올려다보지 말아야 할 꿈
이야기다

바로 이곳이다
윤희와 수찬이 커피를 들고 앉아
친구의 아픔과
친구의 슬픔과
친구의 어리석음을
다독여 녹이던 곳이
우리 회사의 옥상이나
휴게실이다

情이 무엇인지
외로움이 무엇인지

"발목~을 다~쳐서"
재벌 2세 오너인 팀장의 second妾이 되겠다니
친구야, 윤희야, 정신 차려
정신 차려, 이 친구야
"발목을 다쳐서~ "
기대 오는 윤희의 머리가 그리 무겁지만은 않다
수찬은
그렇게 전직 제비 전과자 친구다

아침 햇살이 우리 샐러리맨의 부지런을 재촉한 뒤
오래도록
나는 어젯밤의 드라마에 취해 있다
왜 부장의 부하는 부장을 의심할까
노리는 것이 무엇일까
환상, 환영, 허깨비, 마야(māyā), 쑈 속에서
회사 옥상으로 올라가 본다
휴게실에 가 본다

윤희는 어느새 배두나로 돌아와 무슨 광학기기 디지털 광고의 모델이 되고
밤낮으로 女福이 두 배나 많은 김승우는 또 무슨 영화라도 찍고 있겠으나
아무래도
북아현동이나 고덕동이나

그 어디를 가면
그들이 살고 있는 집이 있을 것이다
"저 웬수~ " 윤희 엄마는 목을 따고
의처증 남편의 예쁜 아내는 맨발로 기어 나와 골목을 달리고 고니는 남도 사투리로 귀여울 것이다

신제품 판매전략 회의는 도무지 實感이 나지 않고
나는 다시 현실의 드라마 속으로
브라운관 커튼을 열어젖히고
들어가 본다
완벽한 이웃이 된다

(2008.2.1 김호성)

☞ "발목~을 다~쳐서"는 SBS TV 드라마 〈완벽한 이웃을 만나는 法〉 배경음악의 한 소절임.

소설과 영화, 텍스트 속에서 의미 찾기

　이번에는 소설과 영화를 말해 보았습니다. 어떻게 보면 뜬금없는 일이라 생각하실 수도 있을 것입니다. 그래서 간략히 인연을 말씀 드릴까 합니다.

　사실, 저는 특별히 소설을 많이 읽거나 영화를 많이 보는 편은 아닙니다. 오히려 그러한 예술 감상의 경험이 많이 부족한 편일 것입니다. 일에 치이고, 논문 쓰기에 치이는 생활을 해 온 지 벌써 십 년도 더 넘었습니다.

　그러나 어쩌다 소설을 읽거나 영화를 보게 되는 일이 없지는 않았습니다. 다른 사람들과 마찬가지겠지요. 어떤 소설이나 영화는 책을 덮거나 영화관을 빠져나오면서 이내 잊히는가 하면, 어떤 소설이나 영화는 한참을 제 속에서 빠져나가지 않는 경우가 있습니다. 여운(餘韻)을 즐기면서, 이리저리 흩어진 퍼즐을 맞추어 보게 되었습니다. 그렇게 어느 정도 소설 읽기나 영화 보기의 이삭으로서 나름의 사유가 제 내면에서 익어가게 되면, '그놈'들이 세상 밖으로 나오고 싶어 합니다. 어머니 밖으로 나오고 싶어 하는 태아들처럼 말입니다. 저로서도 출산을 해야 몸이 가벼워지고, 그 생각으로부터도 놓여나게 됩니다. 우리 고향 어르신들이 아이 낳는 일을 '몸 푼다'고 합니다만, 그렇게 몸을 풀어줘야 했습니다. 그것이 바로 글쓰기입니다. 글을 쓰고 나면, 저는 그 생각으로부터 비로소 놓여나게 됩니다. 푸는 것이 곧 해방인 까닭이지요.

이렇게 '몸풀기'를 통해서 하나하나 쓰인 글들이 바로 이 책 『불교, 소설과 영화를 말하다 －꿈과 현실의 문턱－』에 모였습니다. 애당초 저는 제 일기장 『겉과 속』(1994.8.22~1999.11.24. 총 38권 분량)을 '몸풀기'의 산실(産室)로 삼았다가, 다시 인터넷이 가능해지는 시점(2000년 이후)부터는 제 홈페이지의 '독서일기'라는 방으로 산실을 옮기기도 하였습니다. 최초로 쓴 글이 「꿈과 현실의 문턱 －『삼국유사』(일연) 조신설화－」입니다만, 그로부터 헤아리면 꼭 22년 동안 쓴 글들이 모인 것입니다(그중에서도 대개는 90년대 중반부터 쓴 글들입니다). 물론 책을 준비하면서 적지 않게 수정하고 보완한 것도 있습니다만, 가능한 최초의 집필 시점을 적어 두었습니다. 혹시 당시의 컨텍스트를 짐작할 수도 있지 않을까 해서입니다.

이 글들이 쓰인 세월은 철학의 길이 저의 길임을 찾는 과정이었습니다. 불교 공부 역시 철학적으로 접근하고자 노력하였습니다. 그런데 제게 철학이라는 말은, 하나의 주어진 텍스트를 새롭게, 혹은 나름대로 읽어 내는 해석을 의미합니다. 해석학(解釋學)이 철학인 것이지요. 불교의 문헌이나 인도철학의 텍스트를 앞에 두고서 저는 사유해 갑니다. 어떻게 해석해 갈 것인가, 고뇌합니다. 남들과는 다른, 혹은 예전에는 없었던 나름의 새로운 해석을 얻을 수 있으면 쾌감을 느낍니다. 동일한 텍스트에 대해서 서로 다른 해석자들이 어떻게 다른 관점을 제시하는가를 살펴보는 즐거움도 적지 않습니다. 뿐만 아니라, 한 사람의 해석자가 하나의 텍스트, 혹은 하나의 주제에 대해서 해석을 어떻게 변주(變奏)해 가는가 하는 일 역시 적지 않게 저를 행복하게 하였습니다. 저의 '철학하기'는 바로 이러한 방법론에 의지하고 있습니다. 그렇게 해석학적 특징을 갖고 있기에, 소설 읽기나 영화 보기 역시 제게는 텍스트만 바뀌었을 뿐 '하나의 텍스트 속에서 의미 찾기'의 작업이 아닐 수 없었습니다. 경전을 앞에 놓고 하는 철학하기와 동일한 성격을 갖는 것입니다.

문제는 불교문헌이나 인도철학 텍스트 대신 소설이나 영화라는 텍스트를 대상으로 한다는 차이만이 있을 뿐입니다. 그런데, 이는 사실 문제가 되지 않습니다. 왜냐하면, 불교나 인도철학에서 하는 이야기 자체가 소설과 영화가 말하는 세계, 즉 "인간이란 무엇이며, 우리의 삶을 어떻게 살아야 하는가"라는 문제 상황으로부터 나온 이야기일 뿐이기 때문입니다. 소설이나 영화가 재구성한 바로 그 인간 삶의 현실을 고뇌하면서 나름의 해답을 제시한 것이 곧 불교이며 [인도] 철학입니다. 이는 우리에게 소설 읽기나 영화 보기 그 자체가 읽기에 따라서는 불교 경전을 읽는 일과 다르지 않을 수 있음을 가르쳐 주는 것 아닐까요?

오래도록 일기장이나 홈페이지 속에서 깊은 잠을 자고 있던 '태아'를 일깨워서 밖으로 나오게 한 데에는 한 산파(産婆)가 있었기에 가능했습니다. 오래 잊고 있었고 감히 책으로 묶어 낼 엄두를 내지 못하고 있었는데, 어느 날 정우서적 이성운 대표로부터 일깨움을 받았습니다. 그날 제가 받은 메일(e-mail)의 한 부분을 인용하겠습니다.

> 순학과 잡위학이라는 경계가 없다고 하는 우리 불교학계가 어딘지 모르게 심하게 차별하지 않나 합니다. 진리를 풀어내는 방법의 차이일 뿐이라고 저는 생각하지만요.
> 서양이 18세기 근대화의 기점에서 소설이 등장하여 지적 갈증과 한가함을 달래 주었다면, 완성과 성불이라는 결론에 방점을 둔 불교를 바탕으로 하는 동양적 사고는 사와 부, 소설과 역사, 민담 등을 경시하지 않았나 합니다. 술몽쇄언, 깨닫기, 알기 등의 1차 언어 없이 1차 언어를 안개에 젖듯이 풀어내야 하는 것, 이것이 오늘의 중견 불교학자들이 해야 할 일이 아닌가 합니다. 이것이 불교인문학의 한 길이기도 하겠지요. 환상으로만 나아가는 세태에, 우리 불학자들이 나눌 담론은 어떠해야 하는가, 논문을 쓰기 위한 소수의 사람만이 아닌 다수 대중에게 파한과 감동을 주는 문장과 책, 담화, 영상 등이 절실하지 않을까 합니다.(2007.9.24.)

제게 용기를 준 말씀입니다. 또 이 책의 탄생 인연이기도 합니다. 감사드립니다.

길게 잡으면 22년이나 되는 세월 동안 쓴 이 글들을 다시 손보면서 저는 세 가지 즐거움을 맛보았습니다. 소설을 읽거나 영화를 보고 여운을 즐겼다는 것이 그 첫 번째 즐거움이고, 느낌에서 멈추지 않고 스스로의 사유를 글로써 정리할 수 있었다는 것이 두 번째 즐거움이며, 이제 책으로 펴내서 뜻있는 분들과 함께 감흥(感興)을 나눌 수 있다는 것이 그 세 번째 즐거움입니다. 어찌 맹자가 말씀한 군자의 세 가지 즐거움(君子三樂)에 미치지 못하겠습니까.

돌아보니, 22년 세월 속에서 저의 삶도 적지 않게 굴곡을 겪었습니다만, "이런 생각을 하면서, 이런 글을 쓰면서 살아왔구나" 생각하니 새삼 행복해졌습니다. 감사한 일이 아닐 수 없습니다. 앞으로도 그런 행복을 꿈꾸면서, 이 '행복의 나라'로 여러분을 초대합니다.

고맙습니다.

2008년 3월 1일
동악의 한 모퉁이를 은은히 비추면서
김호성 합장

차 례

서시 | 드라마
소설과 영화, 텍스트 속에서 의미 찾기

1 상처의 치유와 부처되기

상처 받고, 죄지은 영혼들은 무엇으로 구원받는가?_18
□〈밀양〉(이창동)
밀양에서 생긴 일 | 용서와 구원의 두 차원

출구 없는 죄악의 역사와 인간_30
□『젊은 굿맨 브라운』(N. 호손)
악마와의 밀고 당기기 | 죄악의 허무함을 보지 못하다

보르헤스 읽기, 의상 스님 읽기_39
□『보르헤스 만나러 가는 길』(이남호)
저자 이름 적어 넣기 | '법계도'의 상징, 미로의 상징 | 미로의 순례자=성인

보르헤스와『화엄경』겹쳐 읽기_48
□『재미있게 읽는 보르헤스』(김홍근) 외
보르헤스가 말하는 화엄세계 | 미로, 부처로 가는 길 | "신을 보는 자는 죽는다"
윤회와 「알무타짐을 찾아서」 | 책과 책읽기에 대한 명상

실패로 끝난 이름 찾기_56
□〈파리에서의 마지막 탱고〉(B. 베르톨루치)

실(實)없이 허(虛)로만 존재하는 이야기_61
□ 『내게 거짓말을 해봐』(장정일)

고독·독립·사랑의 변증법_65
□ 『구름꽃』(김윤규)
불교소설의 새로운 전형 | 두 가지 겨울 이미지 | 모성의 부재와 그 극복

'겨울의 유산'으로 '겨울의 유산' 넘어서기_72
□ 『겨울의 유산』(立原正秋)
보기 드문 선(禪)소설 | 이름에 담긴 우여곡절 | "겨울의 유산"
아버지의 유산과 어머니의 유산

『겨울의 유산』 밑줄 긋기_84
□ 『구름꽃』(立原正秋)

삶과 소설 사이의 거리_88
□ 『한국사람 다치하라 세이슈』(高井有一)
원전 없이 주석으로 읽는 작품 | 남아 있는 몇 가지 일들

다치하라 세이슈를 만나다_95
□ 서천사 다치하라 묘를 찾아
소설 속 요코스카선을 타다 | 다치하라 세이슈의 정토, 서천사
작가는 이야기로 사는 사람

선(禪)의 길, 화엄의 길_105
□ 〈아제아제바라아제〉(임권택) 외
어머니 찾기, 부처 찾기 | 제자에 대한 스승의 사랑

2 깨침이냐, 권력이냐

권력, 인간의 마지막 욕망_110
□〈파계〉(김기영)
법통이냐, 본래면목이냐 | 인간, 권력에의 욕망

사랑 이야기, 혹은 권력으로부터의 자유?_118
□〈연인〉(장예모)
사랑의 복잡성 | 바람 속에 묻어 있는 자유의 냄새

법을 인정에 팔지 말라_126
□〈허준〉(이병훈)

권력의 무서움에 대한 섬뜩한 알레고리_130
□『작은 왕국』(谷崎潤一郞)

3 꿈, 사랑, 그리고 생명

山門, 생명의 고향_136
□『山門』(최인호)
아름다운 소설, 아름다운 서정 | 천도재, 살림과 화해의 축제 | 산문, 죽임과 살림의 가교

이름 잃은 사람들의 욕망과 사랑_143
□〈경마장 가는 길〉(장선우)
어긋나는 사랑의 괴로움 | 완벽한 사랑에 이르는 길

구름이 낀다고 하늘이 푸르지 않으랴_150
□ 〈꿈〉(배창호)

꿈과 현실의 문턱_152
□ 『삼국유사』(일연) 조신설화 외
'현실=꿈'에서 '꿈=현실'로 | 잃는 것만 꿈이 아니라 얻는 것도 꿈이다

시간과 사랑의 운명_158
□ 『나 한야테』(마야트레이 데비)
이루지 못한 사랑 | 불멸의 사랑은 있는가

불(火)의 속박 불태우기_165
□ 〈화이어〉(Fire)(디퍼 메타)
동병상련(同病相憐)에서 동병상연(同病相戀)으로 | 『라마야나』 불태우기

환생한 스승 찾기_173
□ 〈리틀 부다〉(B. 베르톨루치)
환생의 세계와 티벳 | 강물의 흐름처럼 이어지는 삶

환생 신드롬이 던져 주는 의미_181
□ 「어느 下午의 混沌」(유주현) 외
윤회하는 존재라는 숙명 | 환생과 정체성의 문제

4 개인이 세상을 만날 때

한 개인의 닫힌 세상 열어젖히기_186
□「상원사」(선우휘)
한암 스님 이야기, 김 소위 이야기ㅣ결단과 행동의 이야기ㅣ폭력에 맞선 비폭력ㅣ
닫힌 세상에서 열린 세상으로

한 개인의 닫힌 세상 열어젖히기 -인도편_199
□『몬순』(쿠쉬완트 싱)
현대 인도사의 비극을 배경으로ㅣ『몬순』과 「상원사」

산과 물의 변증법_205
□『흐르는 산』(이청준)
일제시대 한 사찰의 풍경ㅣ선에 대한 의문들ㅣ산이 물로 흐르고

그곳에 절이 있는 까닭_211
□「小說家의 일」(최학) 외
도를 보고 산을 잊어라ㅣ상처 입은 그대, 절로 오라

잃어버린 풍경, 혹은 내버려야 할 초상?_215
□『바다꽃 이야기』(바라티 라자)
누이의 행복 찾아 주기ㅣ가족에 대한 의무

의적인가, 개인적 복수인가?_223
□〈밴디트 퀸〉(세카르 카푸르)

안량과 문추의 머리를 어떻게 돌려주시겠소_227
□『삼국지』(나관중)
『삼국지』속의 불교ㅣ유비 '법계도'의 순례자ㅣ촉한(蜀漢) 정통설이 옳다

5 꿈을 향한 비상

꿈★은 이루어진다_234
□ 〈슈퍼스타 감사용〉(김종현)
우리에게 야구는 무엇인가 | 미래는 꿈꾸는 자의 것이다

열려 있는 바깥 세계에 대한 꿈_242
□ 『우체국』(타고르)

날자, 한 번만 더 날자꾸나_245
□ 〈즐거운 인생〉(이준익)

유·통·분(流·通·分)_249

1
상처의 치유와 부처되기

상처 받고, 죄지은 영혼은 무엇으로 구원받는가?

● ● ● 〈밀양〉
(이창동, 한국, 2007)

어제 아침에 영화를 봤다. 이창동 감독의 영화 〈밀양〉. 영화는 두 종류, 영화관을 빠져 나오는 순간 잊히는 영화와 오래도록 우리를 붙들어 두고 놓아주지 않는 영화가 있다. 영화를 보고 나서 뭔가 글을 쓰게 하는 것은 당연히 후자다. 〈밀양〉도 나를 놓아주지 않는다. 잠자리에 누워서도 내내 영화 생각이다. 그래서 이 글을 쓰게 된다. 그래야 내가 놓여날 수 있게 된다.

영화가 끝난 뒤 화장실에서 만난 어르신들은 불만이 대단했다.

"영화란 것이 재미가 있든지, 스릴이 있든지 해야 하는데 말이지. 그 여자는 막판에 완전히 미쳤잖아."

그렇다. 이 영화는 멜로라고 하기 어려운, 뭔가 철학적 영화다. 아니, 엄밀히 종교철학영화라고 할 수 있을까?

밀양에서 생긴 일

신애(전도연 분)는 남편을 잃고, 남편의 고향인 밀양으로 낙향(?)한다. 아들 준과 함께. 그러나 그녀의 귀향(?)길은 순탄하지 않다.

밀양으로 가는 길.

울퉁불퉁하다. 급기야 고장까지. 밀양에서의 삶이 순탄하지 않으리라는 전조인지, 종찬(송강호 분)을 만나려는 계기인지는 몰라

도…. 그렇게 카센터의 종찬과 만나게 된다. 아, 이렇게 해서 이 두 사람 사이의 사랑 이야기가 계속되려나 보다고 지레짐작해 볼 수 있다.

그러나 영화는 그렇게 진전되지 않는다. 관객의 기대를 잘 배반하는 영화가 좋은 영화인지는 모르겠지만, 보기 좋게 배반한다. 첫 번째 반전이다.

준이 유괴된다. 그리고 죽는다. 순전히 준 엄마 신애의 부주의 때문이다. 괜히 돈이 많은 척한 탓이다. 땅을 사려고 한다는 둥, 땅을 보러 다닌다는 둥….

돈을 노린 범인은 아들 준을 유괴한다. 그 시간 엄마 신애는 모처럼 사귄 아줌마들과 노래방에서 몸을 흔들며 쌓인 것을 풀어내고 있다.

종찬에게 도움의 손길을 구하려고 카센터 앞에까지 갔다가 돌아서고 마는 신애. 우리는 모두 도움을 요청하라고 응원했건만…. 그녀는 외로움의 길을 선택하고 만다. 결국 아들은 희생당하고….

남편도 보내고 아들도 보낸 여자, 신애. 그녀는 어떻게 살아갈 것인가?

종찬이 그런 그녀를 위로하며 어루만져 주면서 구원해 준다면? 그런 영화는 흔히 있어 왔지 않던가.

〈밀양〉은 그런 관습을 거부한다.

힘들어 하는 그녀에게 손을 내민 이는 (구)부부약국의 약사 아줌마. "이 세상에는 보이는 것과 보이지 않는 것이 있다. 보이지 않는다고 해서 못 믿는가"라면서 『성경』을 선물한다. 아니, 하나님을 선물한다.

쉽게 하나님이라는 이름의 선물을 받아들이기 거부하던 그녀도 건널목 앞에서, 복받쳐 오르는 슬픔/아픔 앞에서 건너편 교회의 현수막을 바라보게 된다. 상처 받은 영혼의 치유를 위하여.

상처 받은 영혼의 치유를 위하여

부흥회에 참여한다. 물론, 이때도 그녀는 '그림자'와 함께이다. 어김없이 종찬이 따라간다. 그에게는 적지 않은 변신이다.

"야, 니 교회 다니냐?"

일요일 교회 주차장에서 차를 정리하는 완장 낀 그를 보고서 지역의 선배가 놀라워한다. 그도 그럴 것이 그는 '속물'이기 때문이다. 전형적인…. 그렇게 신애로부터 규정당한 그가 아니던가. 그런데 이제 신애를 따라서 밀양역 앞에서 찬송가를 부르면서 선교활동에도 동참한다.

왜 이 영화는 주인공을 불교 사찰에 다니는 것으로 설정하지 않고 교회에 다니는 것으로 설정했을까? 이런 의문도 잠깐 들었지만, 그것이 그렇게 중요한 문제는 아니다. 기독교의 문제를 제기하는 것도 아니고, 기독교의 예를 들었다고 해서 기독교만의 문제를 말하는 영화도 아니기 때문이다. 오해하지 말아야겠다. 이 영화는 반(反)기독교 영화도 아니고, 신성모독/독신(瀆神)의 주제를 다루고 있는 것도 아니다. 그저 상처 받은 영혼은 어떻게 구원되는가를 문제 삼고 있을 뿐이다.

모든 사람들이 그렇게 기도했겠지만, 불자인 나 역시도 우리의 주인공 신애가 교회에서 구원을 받고서 안식을 얻기를 진심으로 기도하였다. 나는 한 번도 "기독교가 잘 되었으면 좋겠다"는 생각을 해 본 적이 없었던 것 같다. 그렇다고 해서 기독교가 잘못되기를 기도한 적도 없지만…. 물론, 종교올림픽에서 금메달은 불교가 많으면 한다. 그것이 솔직한 내 심정이다. 하지만 나는 〈밀양〉을 통해서 느끼게 되었다. 한국기독교가 정말로 잘 되었으면 좋겠다. 그래서 저렇게 교회에서 기도하고 찬송하는 사람들이 진정으로 구원받아서 행복했으면 좋겠다. 그것이 바로 교회의 사회적 역할이 아니겠는가.

이런 기대에 걸맞게 신애는 구원받고 있는 것처럼 보였다. 그녀는 드디어 교도소에 있는 범인(준이 다녔던 웅변학원 원장)을 용서하러 면회를 간단다.

"마음속으로 용서하면 그만이지 면회까지 가야 하나?"

종찬의 반론이다. 하지만 그녀를 따라 교도소까지 운전을 해 가는 종찬. 잘 되었으면 좋겠는데…. 하지만, 약간 불안한 감이 들지 않는 것도 아니다. 범인의 딸, 조금은 문제가 있는(참, 우리가 어린 아이들에게 이런 표현을 쓰면 안 되는데, '문제'는 유동적인 것이므로. 그런데 표현을 하기로는 이 말이 어쩔 수 없이 딱 어울린다) 소녀가 골목길에서 남자아이들에게 두들겨 맞고 있다. 그 모습을 신애는 차에서 바라보기만 하고, 핸들을 돌리고 만다. 차에서 내려 말려 주었어야 하는데…. 아직 그녀의 마음이 다 개운해지지 못했기 때문이리라.

우리 아이들은 다 소중한 존재들이 아닌가. 저 아이도 나와 같은 부모를 갖고 있지 않겠는가? 그런데 그 부모가 내 자식을 죽인 범인이다. 그래서 그녀는 핸들을 돌린다. 그녀는 아직 그런지도 모른다. 그랬던 그녀가 교도소로 용서를 하러 간다.

면회실 유리를 마주하고 앉은 피해자와 가해자. 먼저 피해자는 가해자에게 용서를 말한다. 하나님의 용서를 전한다.

그런데 여기서 두 번째 반전이 일어난다. 가해자 역시 이미 하나님으로부터 직접 용서를 받았다는 것이다.

"하나님께서 죄 많은 죄인을 용서해 주셨습니다."

신애는 쇼크를 받고, 교도소 뜰로 나와서 쓰러진다. 그러고는 하나님에게 맞서기로 한다. 교회를 찾아가서 책상을 손으로 두들겨 댄다. 부흥회 하는 데에 찾아가서 목사님이 기도하는 데 뽕짝을 틀어 댄다, 그것도 훔친 씨디로. 뿐만 아니라. 처음 선교를 해 준 (구)부부약국의 남편 약사, 장로를 유혹하여 시험에 들게 한다. 그녀를 위해 철야기도를 올리는 약국집을 향해서 큰 돌을 던진다. 약사 남편을 유혹하여 시험에 빠뜨렸던 날, 늦게까지 카센터에 남아 있는 종찬을 찾아간다.

"김 사장도 섹스가 하고 싶어?"라고 놀리면서(마치, "그래" 하면 한번 가지라고 할 것 같은 표정이다) 노래를 부른다.

그저 바라만 보고 있지
그저 눈치만 보고 있지

늘 속삭이면서도
사랑한다는 그 말을 못해
그저 바라만 보고 있지
그저 속만 태우고 있지

신애의 태도에 종찬, 집기를 부수며 화를 낸다. 참 우직한 '속물'이다. 마침내 그녀는 사과를 먹다가 스스로 동맥(?)을 자른다. 피가 흥건하여 거리로 나간다. 사람들 신고로 병원으로 실려 간다. 얼마 지나지 않아서 퇴원을 한다. 퇴원하는 날 종찬과 함께 미용실에 간다. 머리를 커트하기 위해서이다. 그런데 미용사가 바로 그녀, 그 범인의 딸이 아닌가?

"미용은 언제 배웠어?"
"소년원에서요."
"소년원은 왜 갔어?"
"사고 쳤어요."

왼쪽 머리카락만 커트했는데, 기어이 신애는 자리를 박차고 뛰쳐나온다. 아직 용서가 안 되는 모양이다. 그렇지만 그녀에게 희망은 있다.

처음 밀양에 도착해서 괜히, 도시적인 척하면서 "가게 인테리어를 바꾸면 장사가 더 잘 될 것"이라고 참견을 했던 양품점 앞을 지나는데, 그 가게가 인테리어를 해서 환하다. 밝다.

"신애 씨 말대로 인테리어를 했다. 내가 한 턱 낼게"라고 주인아주머니는 말한다. 저렇게 살았으면 싶다. 동네 아주머니들과 어울리면서 말이다.

집에 도착한 그녀, 거울을 앞에 하고 자르다 만 머리를 혼자서 더 자르려고 한다. 그때 문을 밀치고 들어서는 남자, 종찬이다. 말없이 거울을 들어준다. 그 거울에 비친 여자는 하늘색 원피스를 입고 있다. 그렇게 그들은 밝게 살아갈 것이라는 암시일까?

☞ 왜 하필 이 영화 제목은 '밀양'인가? 신애에 대한 종찬의 '오래 되었으나 새로운 사랑'은 마치 密陽이라는 말의 본래의미 그대로 '남모르게, 보이지 않게, 아주 비밀스럽게, 은근히'(密) 비춰 주고 있다. 더욱이 그렇게 '천천히, 가느다랗게 내리쪼이는'(密) 햇살(陽) 덕분에 신애는 다시 살아나게 될 것이다. 그래서 이 영화는 다른 데서 촬영해서도 안 되고, 다른 지방의 이름을 제목으로 써도 안 된다. 오직 密陽이 아니면 안 된다.

용서와 구원의 두 차원

이 영화를 보는 내내 "누가 시나리오를 썼을까?" 궁금했다. 크레딧에는 '각본 이창동'이라고 하면서 원작이 있음을 보여 준다.

'원작 이청준'

역시 그렇구나. 나는 영화에서 시나리오를 중요하게 생

각한다. 좋은 영화는 좋은 시나리오가 먼저 전제되어야 한다고 보기 때문이다. 영화도 결국 이야기 아닌가. 이청준이라면, 신뢰할 수 있는 '우리 시대의 작가'가 아니던가. 「벌레 이야기」라는 작품이 있어나 보다.

〈밀양〉은 정말로 "그저 바라만 보고 있지"라는 노랫말에 어울리는 사랑을 보여 준다. '속물' 종찬은 그 '속(俗)'스러움 속에 어떻게 저런 '성(聖)'스러움이 깃들어 있을까 싶을 정도이다. 보통 같으면 속전속결로 여자를 차지하려고 했을지도 모르는데…. 그것이 속물에 어울리는 것 아닌가. 그러나 그렇게 하지 않는다. 그저 그림자처럼 따라다니면서 말없이 챙겨 준다. 옆에 있어 준다. 그런 사랑이다.

"아일 러브 유"의 사랑이 아니라 교외별전(敎外別傳)의 사랑이다. 그런 사랑으로 마침내 상처투성이의 신애를 말없이 품어 주는 것이다. 그렇게 상처 입은 영혼은 구원을 받게 되리라.

〈밀양〉은 종교철학적 영화라고 하였다. 구원받아야 할 영혼이 더 있다. 범인, 죄인이다. 죄지은 영혼은 누가 용서를 해 주는가? 죄인은 하나님에게 구원받으면 안 되고, 피해자에게 구원받아야 하는가? 또 오늘날 종교는 정녕 상처받은 영혼을 구원하는 데 실패하고 있는가? 있다면 그 원인은 무엇인가? 신애는 왜 교회에서 안주할 수 없었던가? 이런 많은 문제를 제기한다. 나 역시 종교인으로서 이런 난제가 마음을 무겁게 했다. 문제는 어디에 있는가?

자, 여기서 불교용어를 하나 소개해야겠다. 보조 지눌(普照知訥, 1158~1210) 스님은 "자신이 지은 죄와 업장이 마치 산과 같으며 바다와 같은 줄 알아서, 이참(理懺)과 사참(事懺)으로 참회할 줄 알아야 한다"고 하였다. 이참과 사참, 무슨 말인가?

쉽게 말하면, 이참이라는 것은 원리적인 참회이고 사참은 현실적인 참회이다. 〈밀양〉에서 범인이 기독교에 귀의하여 하나님으로부터 먼저 용서를 받게 되는 참회는 이참과 유사하다고 할 수 있다. 그것은 매우 돈오(頓悟)적인 것이어서 급속히 이루어진다. 귀의하고 하나님을 영접하며, 거듭 태어나는(重生) 순간 이루어진다. 지은 죄는 모두 없어진다.

문제는 바로 여기에 있다. 그렇게 이참을 통해서 구원받을 수 있는가? 구원받을 수 있다. 그것이 바로 종교 아니겠는가? 종교는 피해자만이 아니라 가해자도 구원해야 하고, 죄를 넘어 죄의식에서도 해방시켜야 하기 때문이다.

하지만 그것만으로 다 되는가? 돈오적 이참만으로 완벽하게 구원될 수 있는가? 단지 그것에 그치고 만다면 '영화 속의 기독교' 혹은 '영화 속의 범인'의 차원에 머물고 말 것이다. 즉, 현실의 차원이 결여되는 것이다. 사참에까지 이르지는 못하게 된다. 그렇게 이참에 의해서 1차적 구원을 받았다고 하더라도, 여전히 현실 속에서는 고통 속에서 살고 있는 피해자가 존재하며, 그 상처는 여전히 남아 있다고 볼 때, 우리가 이참 속에서 그칠 수는 없다는 점이다. 그래서 현실적인 참회가 필요해진다. 보조 지눌 스님은 이러한 이참과 사참, 그 어느 쪽도 결여하지 않기를 가르치고 있는 것이다.

현실적 차원의 참회, 현실적 차원에서의 용서받기라는 측면을 〈밀양〉 속의 기독교는 이행하지 못하고 있는 것이다. 바로 그 점이 신애의 상처, 또는 다친 마음을 치유할 수 없었던 직접적 원인이었을 것으로 나는 생각한다. 이 점을 간과하는 한 어떤 종교든 상처 받은 영혼을 치유하는 데 한계가 있다는 메시지를 〈밀양〉은 담고 있는 것이 아닐까?

어쩌면 그것은 '속(俗)'의 차원이다. 그래서일까? 신애의 상처 치유는 이제 '속물' 종찬의 몫으로 남겨지게 된다. 물론, 그것을 가능케 하는 것은 '속'물 속에 깃들어 있는 '성(聖)'스러운 사랑이다.

그 '속'물 속에, 오히려 겉으로 '성'을 표방하는 교회나 그 신자들보다 더 성스러운 '성'이 깃들어 있음을 〈밀양〉은 보여 주는 것이 아닐까? 그것은 종교/종교인들에게는 하나의 도전이자, 화두의 제기라고 할 수 있을 것이다. 그래서 종교인에게는 마음이 무거운 영화였다.

(2007년 5월 27일)

출구 없는 죄악의 역사와 인간

● ● ●「젊은 굿맨 브라운」
(N. 호손, 민음사, 1998)

너새니엘 호손(N. Hawthorne, 1804~1864)의 단편 『젊은 굿맨 브라운』(Young Goodman Brown)을 번역으로 다시 읽다. (천승걸 역, 『나사니엘 호손 단편선』, 민음사, pp.66~88) 이 작품은 내가 영어로 읽은 최초의 소설인데, 신현욱 교수(방송통신대 영어영문학과)의 강의를 들은 것이 인연이 되었다.

악마와의 밀고 당기기

주인공 브라운은 만류하는 젊은 아내를 뒤로 하고, 해질녘에 집을 나선다. 그는 지금 숲 속으로 가는 길이다. 밤이 다가오는 그 시간에, 브라운은 왜 집을 떠나는 것일까? 어두워지면 숲 속에서 벌어질 '악의 제의'에 참여하기 위해서다.

아내 페이스(Faith)의 만류를 뒤로 하고 길을 나선 브라운은 '크고 검은 뱀의 형상을 한 지팡이'를 쥐고 있는 점잖은 사람을 만난다. '숲 속'으로 길을 안내하고 이끌어 줄 동행자이다. 이 이야기의 무대인 세일럼과 보스턴 사이의 65리 남짓한 거리를 15분 만에 주파함으로써 공간의 한계를 넘어서 있으며, 브라운의 "할아버지가 세일럼 큰길을 누비며 퀘이커 교도 여인을 채찍질할 때 옆에서 거들었다"고 함으로써 시간의 제한 역시 초월한 존재임을 보여 준다.

브라운은 악의 제의가 벌어지는 '숲 속'으로 찾아가면서도, 사실 썩 내키지 않는 발걸음이다. 그 역시 "오늘 밤 이 일만 끝나면 그녀의 옷자락에 매달려 천국까지 그녀를 따라갈 테다"고, 아내 페이스를 뒤로 할 때 결심했다. 그렇게 내켜하지 않으면서도 길을 나섰기 때문인지, 그는 동행자로 나타난 악마에게 저항한다.

> "여기서 영감님을 만나기로 한 약속을 이행하였으니 이제 제가 떠나온 곳으로 되돌아가야겠습니다. 영감님도 잘 알다시피 그 일이 영 마음에 걸립니다."

그러면서 자기는 이러한 '숲 속'에는 가 본 일도 없는 할아버지나 아버지의 후손이 아닌가라는 자의식을 드러낸다. 그렇다면 지금 '숲 속'으로 가는 길은 조상들에게 부끄러운 일이다. 그러나 사실은 그렇지 않음을 알게 된다. 악마는 브라운의 가계가 청교도들이 지은 죄악의 역사 그 중심에 서 있었음을 증언한다. 신앙의 자유를 찾아서 영국을 떠나 신대륙을 개척한 그들이 적지 않은 죄악을 역사 속에 남기게 되었음은 자기모순이 아닐 수 없다. 호손은 그 점을 지적함으로써 자기반성의 괴로움을 대면하는 용기를 보여 준다.

자신의 가계(家系)에 실린 짐이 들추어진다고 해서, 브라운이 한꺼번에 무장해제되지는 않는다. 악에 저항해야 할 또 다른 이유가 아직 남아 있기 때문이다.

> "하지만 제가 만일 영감님과 동행하게 된다면 어떻게 세일럼 마을에 돌아가서 훌륭한 우리 목사님의 눈을 마주 볼 수 있겠습니까? 일요일이나 성경 공부하는 날 목사님의 목소리가 저를 얼마나 두려움에 떨게 하겠습니까."

다 안다는 듯이, "하! 하! 하!" 웃어버리는 악마영감. 목사도 두려워할 이유가 없다는 암시다. 그도 그럴 것이 목사 역시 장로, 교리문답을 가르쳐 준 여인 등과 함께 그 악의 제의에 동참하고 있는 것이다. 아직 브라운은 알지 못하지만, 악마는 다 알고 있다. 아직 브라운은 항복하지 않는다. 아무리 외로운 자에게도 최후의 보루로 남을 사람 하나는 있기 마련 아닌가?

> "제 아내 페이스 때문입니다. 이런 일을 알면 아마 그녀의 심장이 터져버릴 겁니다. 차라리 제 심장이 터지는 게 낫지요."

그러나 그 이름이 기독교에 대한 충실한 '믿음'을 표방하고 있는 그녀 페이스 역시 숲 속의 제의에 참가하고 있는 중이다(이 '페이스'를 우리말로 번역하면 〈밀양〉의 주인공 신애(信

愛)가 될 것이다). 숲 속에서 그녀의 목소리를 듣게 되는 것이다. 젊은 여자의 목소리가 들리고, 그 목소리의 주인공이 페이스임을 알게 된 것이다. 최후의 보루마저 무너져 내리고 말았다. 이제 페이스마저 '숲 속'에 참여한 것을 확인한 브라운은 악마영감의 세계관을 받아들인다.

> "이 땅 위에 선이란 없어. 죄란 이름일 뿐 이 땅엔 없는 거
> 지. 악마야, 오너라. 그래, 이 세상은 온통 네 것이다."

그예 그는 악으로 인도하는 충동에 이끌려 악마의 제의에 참여한다. 그리고 거기서 검은 형상을 한 악마로부터 환영을 받는다. 검은 옷을 입은 악마는 "자기 자신의 숨겨진 죄악보다는 다른 사람들의 숨겨진 죄악을 더 의식하여 악의 신비를 공유할 수 있도록" 사람들의 이마에 '세례의 자국'을 남길 준비를 하고 있다. 브라운은 마지막 몸부림을 쳐 본다.

> "페이스! 페이스!"
> 남편이 외쳤다.
> "하늘을 올려다봐요. 그리고 사악함을 물리쳐요."

하늘은 천국이다. 신에 대한 믿음으로 악마를 물리치라는 것이다. 굿맨 브라운의 이 경험은 악몽으로 말해진다.

죄악의 허무함을 보지 못하다

"아는 것이 힘이다"는 말도 있지만, "모르는 것이 약이

다"는 속담도 있지 아니한가. 아무리 함께 살아가는 아내와 남편 사이라 하더라도 속속들이 다 아는 것은 불편한 일이 아닐 수 없을 것이다. 더러 비밀도 있어야 한다. 특히 우리 의식의 흐름은 적당히 덮어 두는 쪽이 더 좋을지 모른다. 만약 영화를 찍듯이, 우리 의식의 흐름 속에서 지나가는 망상을 다 찍어서 보게 된다면 어떻게 될까? 거기에 어디 선과 미덕만이 존재하겠는가? 아무리 흘러가는 것이라 하더라도, 순간 포착은 그 흐름의 정지이나 고정화가 된다. 이제 악마의 제의에서 브라운과 페이스는 그들이 악마의 제의에 함께하고 있음을 목도하고 있는 것이다.

> 그들은 서로 마주 보았다. 그 순간 지옥을 밝히는 듯한 횃불의 불길 옆에서 그 비참한 젊은이는 페이스를, 아내는 그녀의 남편을, 그 불경스런 제단 앞에서 떨며 마주 본 것이다.
> "그래, 나의 아이들아"
> 검은 형상의 모습은 절망적인 음울함으로 슬픔까지 느끼게 하는 깊고 엄숙한 어조로 말했다. 마치 한때는 천사였던 그의 본성이 아직도 인간의 비참함을 애도하기라도 하듯이.

호손은 이 악마의 제의에 참여한 이야기를 "굿맨 브라운이 숲에서 잠들어 그저 마녀 모임의 악몽을 꿈꾼 것일까? 그래, 그렇다 하자"고 말한다. 지금까지의 이야기는 모두 굿맨 브라운의 꿈. 그러나 꿈은 실체가 없지만 그것을 꿈으로 돌리지 못하게 되면, 꿈이 현실을 지배하는 힘을 갖기도 한다.

> 하지만 오호라! 그 꿈은 젊은 굿맨 브라운에게는 너무나 흉몽이었다. 그 끔찍한 꿈을 꾼 밤부터 그는 완전히 절망적이진 않다 하더라도 근엄하고, 슬프고, 어두운 생각에 잠기고, 모든 것을 불신하는 아주 딴사람이 되어 버린 것이다. 일요일 날 교회에서 사람들이 찬송가를 부를 때면 그는 그 찬송가를 들을 수가 없었다. 죄악의 찬양 노래가 귀에 큰소리로 덮쳐 와서 성스러운 찬송가의 선율이 그 소리에 묻혀 버리는 까닭이었다.

그렇다면 목사를 비롯한 신자들, 더 나아가서는 브라운이 끝까지 믿고 있었던 '천사' 페이스마저 악의 제의에 동참하고 있다는 것은 어떻게 해석할 수 있을까? 악마들의 논리처럼, 악은 인간의 본성일까? 순자(荀子)도 인간의 본성은 악이라 보았지만, 그러한 악은 교육에 의해서 교화해야 한다는 논리에서다. 어디까지나 선을 위한 인간의 노력을 외면하고, "인간의 본성은 악이므로 악을 행해도 좋다"는 논리는 아닌 것이다.

그렇다면, 대낮/현실에서는 선이었던 사람들이 밤/꿈에서는 악이라고 한 「젊은 굿맨 브라운」의 논리는 인간의 본성은 선과 악이 공존한다고 보는 것으로 이해해도 좋을까? 그렇지 않다. 만약 그렇게 볼 수 있다면, 꿈에서 깨어난 뒤 브라운은 그렇게 "근엄하고, 슬프고, 어두운 생각에 잠기고, 모든 것을 불신하는 아주 딴사람이 되어 버리"지는 않앉을 것이다. 악만이 아니라 선마저 볼 수 있을 것이기 때문이다. 이렇게 인간은 선과 악의 두 측면을 공유하고 있다는 것을 불교에서는 여래장(如來藏)이라 말한다. 악이 있어도 사실은 여래/부처의 씨앗이라고 보는 것이다. 여래장으로 볼 수 있다면, 비록 악이 내재하고 있더라도 깨어난 뒤에는 선을 인식하면서 악에 대한 절망을 극복해 갈 수 있을 것이기 때문이다. 그런데 브라운은 그렇게 하지 못하고 만다.

꿈속에서 본 악마의 제의, 악마의 본색을 드러낸 사람들에 대한 기억의 힘이 너무나 선명했기 때문이다. 악마들의 논리대로, 온통 인간은 악일 뿐이라는 것을 브라운이 받아들였기 때문이라고 보기는 어려울 것이다. 그에게는 애당초 악마에게 저항하고자 한 선의지(善意志)가 있었기 때문이다. 그렇다면, 어떻게 이해할 수 있을까? 앞서 언급한 것과 같이, 작가 호손은 그의 조상인 청교도들이 신대륙에서 저지른 역사적 죄악의 심중(深重)함을 알레고리로 드러내고 있다고 볼 수도 있다. 그런 역사의 죄악을 숲 속에서 벌어진 악마의 제의로 상징한 것이라 해석할 수 있을 것이다.

그러나 나는 여기서 그러한 역사적 컨텍스트를 배제하고서 인간관의 차원에서만 살펴보고 싶다. 인간은 절대선의 존재도, 절대악의 존재도 아니다. 절대악의 존재라고 한다면 그것은 바로 악마의 논리를 받아들이는 것이 된다. 따라서 인간은 그 본성으로 볼 때 선과 악이 공존한다고 볼 수도 있는 것이다.

　브라운이 꿈속에서 본 것은 악의 측면이다. 그런데 당연히 목사를 비롯해서 페이스에 이르기까지 세일럼 마을 사람들에게는 선의 모습도 있다. 그것은 대낮/현실 속에서 드러나는 것이다. 낮과 밤이 다르다는 데서 위선을 느낄 수도 있겠으나, 밤과 다른 낮에서 희망을 걸 수도 있어야 할 것이다. 아니, 인간 내면에 서로 끝없이 자리바꿈을 하는 것 자체가 선은 선으로서, 또 악은 악으로서의 고정적인 실체성이 없음을 말하는 것 아니겠는가. 선은 선이 아니고, 악은 악이 아닌 것이다.

　이렇게 선과 악이 갖는 그 허무(虛無)에 대한 인식에 있어서 작가 호손이 덜 철저했다고 볼 수도 있지만, 그렇게 지적하기보다는 바로 그런 점에서 「젊은 굿맨 브라운」은 〈밀양〉과 또 다른 한 극단을 보여 주고 있다는 점을 지적하고 싶다. 〈밀양〉은 이치의 차원과 현실의 차원 중에서, 이치의 차원만을 국집하여 현실의 차원을 외면한 이야기임에 반하여 「젊은 굿맨 브라운」은 현실의 차원(꿈에 나타난 악)에 집착하여 그들이 갖추고 있는 이치의 차원(대낮의 선한 모습)을 꿰뚫어 보지 못하고 있음을 보여 준다.

　이 두 가지 양 극단 모두 우리에게 행복을 가져다주지 못함은 말할 나위 없는데, 호손은 불교의 공(空)이 말하는 것과 같은 이치의 차원을 보지 못하고 있는지도 모른다. 바로 그런 점에서, 주인공 브라운은 "끝내 우울함 속에서 죽어" 갈 수밖에 없었는지도 모른다. 그래서 그의 비석에는 "아무런 희망의 글씨 하나 새겨 넣을 수가 없었다."

그렇게 비극적/비관적 인간관의 형성은 다만 철학이나 신학의 문제가 아니라 역사의 자의식이 낳은 결과이므로 그 치유 역시 역사적 측면에서 이루어져야 할 것이다. 그런데, 청교도들이 세운 미국은 오늘도 그들의 역사를 바로잡지 못하고 있는 듯하다. 이라크 전쟁에서 그 단적인 예를 볼 수 있는 것 아닌가. 그 점까지 생각하면, 일찍이 호손의 「젊은 굿맨 브라운」에서 제기한 역사적 인간의 죄악의 문제는 오늘날까지도 여전히 유효한 질문임을 깨닫게 된다. 그래서 호손의 작품은 오늘의 역사에서도 살아 있는 것이 아니겠는가.

(2007년 9월 30일)

보르헤스 읽기, 의상 스님 읽기

● ● ●『보르헤스 만나러 가는 길』
(이남호, 민음사, 1994)

『보르헤스 만나러 가는 길』은 아르헨티나 출신의 세기적 작가 보르헤스(Jorge Luis Borges, 1899~1986)의 소설집 『픽션들』(Ficciones)에 실린 8편의 단편을 번역하면서, 그 한 편 한 편에 대해서 저자의 해설을 붙인 책이다. 황병하 교수가 옮긴 『픽션들』(민음사, 보르헤스 전집②)도 있다. 나는 그 책을 먼저 읽었다. 그때 내 느낌은 '모르겠다!'였다. 유려한 번역, 원작자의 주(註), 역자의 상세한 주해, 해설 등이 있었지만 도무지 무슨 말을 하는 것인지 알 수 없었다. 내가 이전에 읽어 본 어떤 소설과도 어법(語法)이 달랐기 때문이었다.

그러던 중 이남호의『보르헤스 만나러 가는 길』을 읽게 되었다. 문학평론가인 저자의 보르헤스 읽기를 다시 읽음으로써 나는 다소나마 보르헤스에 대한 이해를 얻게 되었으며, 아울러 깨닫게 되었다. 보르헤스 만나러 가는 길은 곧 의상(義相, 625~702) 스님 만나러 가는 길임을.

저자 이름 적어 넣기

먼저 비교적 쉽게 이해되는 작품이 「『돈키호테』의 저자, 삐에르 메나르」였다. 소설의 줄거리는 이렇다. 삐에르 메나르라는 20세기의 프랑스에서 살았던 한 상징주의 시인이 세르반테스의 『돈키호테』를 똑같이 베껴 썼다. 그런데 삐에르 메나르의 『돈키호테』는 세르반테스의 『돈키호테』와 전혀 다른 작품이 되었다는 것이다. 조사 하나, 부호 하나 틀리지 않게 똑같이 베낀 것이지만, 새로운 저자(사실은 독자)가 처해 있는 시대적 배경이나 그가 갖고 있는 사전지식 등의 여러 가지 정황에 따라서 얼마든지 달리 읽히기 때문이다. 작가는 "삐에르 메나르의 소설이 훨씬 풍부한 내용을 지니고 있다"고 주장한다.

산초와 함께 풍차를 공격하기 위해 전진하는 돈키호테
볼쇼이극장 포스터

그런데 그렇게 해서 완성한 새로운 『돈키호테』를 소각해 버린다. 이 부분을 황병하 번역본에서 옮겨보면 다음과 같다.

> 그는 수없이 원고를 쓰고 다시 쓰고 또다시 쓰고, 집요하게 교정을 가했고, 그러고는 수천 페이지에 해당하는 그 원고들을 모두 찢어버렸다. 그는 그 누구에게도 그 원고를 검토하도록 허락하지 않았고, 그리고 그것들이 살아남지 않도록 유의했다.(p.87)

이 문장에 대해서 작가 보르헤스는 '원주'라고 해서 주석을 달아 놓는다.

> 나는 그의 사각형 공책들, 시꺼멓게 지운 문장들, 그의 매우 특이한 활자표기, 마치 벌레가 기어 다니는 것 같은 글씨체를 기억하고 있다. 오후에 그는 님의 교외로 산책 나가기를 좋아했다. 그는 공책 한 권을 가지고 나와 신나는 화톳불을 만들곤 했다.(p.87)

이렇게 해서 삐에르 메나르의 『돈키호테』는 존재하지 않게 되었다. 왜 새로운 『돈키호테』를 소각해 버리고 말았던 것일까. 소각 이전에 다음과 같은 배경 설명이 제시됨을 주의해야 할 것이다.

> 그 어떤 지적인 활동도 종국에 가서는 쓸모없게 되기 마련이다. 하나의 철학적 원리는 시초의 세계에 대해 그럴 듯한 묘사를 하고 있는 것처럼 보인다. 그러나 시간이 지남에 따라 그것은 철학사 속에서 단순히 한 장(章)—만일 한 단락이나 명사로 되어버리지 않는다면—으로 남게 된다. (…) 이 허무주의적인 확인이 전혀 새로운 것은 아니다. 그러나 우리의 시선을 끄는 것은 그러한 허무주의적 진실 앞에서 삐에르 메나르가 이끌어 낸 결단일 것이다. 그는 모든 인간의

노력 뒤에 기다리고 있는 허무와 마주 서기로 결심했다.
(pp.86~87)

여기서 말하는 허무의 정체는 곧 끝없이 계속되는 해석 속에서 나의 새로운 해석 역시 죽을 수밖에 없음을 나타내는 것이 아니겠는가. 나/저자/주체 역시 죽는다. 그리고 그렇게 저자가 죽은 그 자리에 독자가 새로운 저자로서 등극하여 그의 목소리를 내야 한다는 의미일 것이다.

그러니까, 책은 고정된 것이라고 할 수 없다. 저자는 주체, 독자는 객체로서의 주객관계는 형성되지 않는다. 책은 열려 있는 것이다. 독자의 독서행위는 또 하나의 저술행위이다. 근래에 이러한 입장을 '간(間)텍스트성' 혹은 '상호텍스트성'이라 일컫거니와 보르헤스의 「『돈키호테』의 저자, 삐에르 메나르」는 그러한 저술론(혹은 독서론)을 펼치고 있는 것으로 생각된다.

나는 여기서 의상 스님을 떠올리게 된다. 의상은 저 방대한 『화엄경』의 진리를 하나의 그림(法界圖)으로 그리고, 거기에 7언 30구 210자의 시(詩) 한 편을 붙여서 '화엄일승법계도'를 완성했을 때 자신의 이름을 명기하지 않는다. 그 당시 상황을 의상 스님은 '화엄일승법계도기'에서 다음과 같이 밝히고 있다.

의상의 화엄일승법계도

'일승법계도합시일인'(一乘法界圖合詩 一印)은 『화엄경』과 『십지론』에 의지하여 '간추려서 풀이한 원교(圓敎)의 궁극적 의미'를 나타낸 것이다. 총장 원년(668) 7월 15일 기록하다.

문: 무엇 때문에 저자의 이름은 적지 않는가?
답: 인연으로 이루어진 모든 존재는 주체가 없음을 나타내기 위해서이다.
문: 무엇 때문에 년, 월의 이름은 남겨 두는가?
답: 모든 법이 연에 의지하여 태어남을 나타내기 위해서이다.

'의상 지음' 대신에 그 자리에 괄호만 해 두었던 것이다. 책, 그것은 저자와 독자 사이의 연기(緣起)에 의해서 이루어진 것이므로 고정된 주인이 있을 수 없기 때문이라(無有主故)는 이유에서였다. 책을 읽는 일은 그 책의 주인으로서 함께 동참하는 일이며, 그런 뜻에서 미래의 주인을 위해서 스스로의 이름을 쓰지 않는다는 논리와 행위 속에서 우리는 이미 '상호텍스트성'을 발견할 수 있을 것이다.

☞ 이 「저자 이름 적어 넣기」에서 제시된 내 생각은 이후 「저자의 부재와 불교해석학」(『불교학보』 제35집, 1998)이라는 논문으로 발전되었다. 불교 연구를 위한 해석학적 방법론의 하나로서 그 의미를 더욱 확대 부연하였다.

'법계도'의 상징, 미로의 상징

보르헤스의 소설에는 미로 이야기가 많이 나온다. 또 시를 통해서도 직접적으로 미로의 상상력을 내보이고 있다. 민용태는 「미궁」의 1연을 이렇게 번역했다.(민용태 지음, 『로르까에서 네루다까지』, 창작과비평사, 1995, 214쪽)

> 결코 문은 없다. 너는 안에 있다
> 성곽은 우주를 포괄한다
> 안도 밖도 없다
> 겉의 벽도 은밀한 중앙도 없다
> 끈질기게 두 갈래로 갈라져 나가는
> 끈질기게 두 갈래로 갈라지는

보르헤스는 끈질기게 두 갈래로 갈라진 미로를 하나 만들고 있다. 단편 「미로 정원」-황병하 번역본은 「끝없이 두 갈래로 갈라지는 길들이 있는 정원」이라 옮기고 있다-이 그것이다. 이 소설에는 취펑이란 중국 사람이 등장한다. 그는 평생 『홍루몽』보다 더 많은 등장인물이 나오는 소설을 쓰는 일과 미궁을 짓는 일을 하고자 했다. 그가 썼다는 소설 제목 역시 「미로 정원」이었다.

> 그 미궁은 팔각루와 미궁들로 되어 있을 뿐만 아니라 강, 지방, 왕국 등으로 이루어져 있을 것이다. 여러 개의 미궁이 모여 하나의 큰 미궁이 되고, 그 복잡한 미궁은 점점 커져서 과거 세계와 미래 세계까지 갖게 될 것이며, 어쩌면 별들까지도 그 안에 들어 있을지 모른다.

보르헤스의 미로는 '상징적 미궁'이며, '우주의 그림'이다. 그는 그렇게 말하고 있다. 즉 미로(혹은 미궁)는 우주와 우리 삶의 은유이다. 뭐가 뭔지 모르는, 그러나 그 속에 질서를 숨기고 있는 세상(혹은 마음). 다만 보르헤스는 "인간은 그 질서와 법칙을 알 수가 없다"고 말한다. 여기서 나는 머리를 쳤다. 그렇다. 의상의 그림 그 자체―'법계도'라 부르기 이전에―는 미로가 아니고 무엇인가. 실제 불교를 모르는 사람에게 '법계도'를 보여 주며 물었을 때, 대개의 대답이 "미로 아니에요?"였다.

  법계(法界)는 중생들의 삶의 세계로도 해석될 수 있고, 진리(깨침)의 세계로도 해석될 수 있다. 어느 쪽이 옳을까? 이 두 세계가 다르지 않다는 것이 정답이다. 즉 중생들의 삶의 세계 그 자체가 진리의 세계라는 것이 『화엄경』의 대답이다. 이를 의상은 54개의 굴곡을 가진 하나의 그림(法界圖)으로 나타냈던 것이다. 굴곡은 혼돈이고 우연이며, 굴곡을 그리면서도 끝내 이루는 하나의 선(線)은 질서이며 필연이다.

  그러니까 보르헤스와 의상의 미로는 모두 우연 속의 필연, 혼돈 속의 질서를 표상하고 있는 것이다. 근래에 김상일(金相日)은 수학과 자연과학의 입장에서 의상의 '법계도'를 재평가하는 일을 하고 있는데, 그러한 작업을 보르헤스는 문학적으로 행했던 것이다. 부끄럽게도 아직까지 우리 불교학은 의상이 말하는 '일음(一音)과 근욕부동(根欲不同)'을 필연과 우연, 질서와 혼돈으로 읽어 내지는 못해 왔던 셈이다.

호르헤 루이스 보르헤스(1899~1986)

미로의 순례자=성인

산다는 건 무엇일까? 미로를 헤매는 일(輪廻)이다. 그렇지만 한편으로 윤회의 여로는 또 길 찾기(巡禮)가 아닌가. 성스러운 사람에 대한, 진리에 대한 순례인 것이다.

보르헤스는 「알무타짐을 찾아서」에서, 의상은 '법계도'에서 그렇게 말하고 있는 것이다. 세상의 어딘가에는 스스로 상서로운 빛을 발하는 선인(善人)이 있다. 그를 알무타짐이라 부른다. 보르헤스는 봄베이의 법률가인 뮈르 바하두 알리가 쓴 가상의 소설 「알무타짐을 찾아서」에 대한 이야기의 형식으로 자신의 「알무타짐을 찾아서」라는 소설을 전개해 간다. 여기서 보르헤스는 말한다.

1932년의 초판에서는, 순례에서 찾으려 했던 대상이 바로 순례자 자신이었다는 사실이 선인 찾기의 어려움을 정당화 시켜 주었다.

어렵긴 하겠으나 찾음의 대상은 멀리 있지 않다. 바로 나 자신이다. 여기서 나는 "내가 바로 브라흐만이다"고 선언하는 『우파니샤드』의 소리, "밖에서 찾지 말라"는 선(禪)의 외침을 듣는다. '법계도'를 보자. 그냥 그 자리(法)에 있어도 좋으련만, 출발한다. 미로를 그리는 것이다. 그러나 미로 속의 방황은 우여곡절을 겪으면서도 부처(佛)가 되어 찾음의 대상에 이르는(法=佛) 길임을 나타내 보인다. 마지막 칸에 오는 '佛'자는 최초의 '法'자와 다시 만난다. 그리고 그것은 저 옛날부터 사실은 헤매지 않은 채 그 자리에 그대로 서 있었던 부처였음(舊來不動名爲佛)을 상징하고 있다.

놀랍다. 보르헤스는 의상을 알았던 것일까? 알고 모름이 중요한 것이 아니리라. 중요한 것은 같은 말을 하고 있다는 점이 아니겠는가.

(『책 안의 불교, 책 밖의 불교』, 시공사, 1996)

보르헤스와 『화엄경』 겹쳐 읽기

●●● 「재미있게 읽는 보르헤스」
(김홍근, 『현대시사상』 1995 여름)

보르헤스가 말하는 화엄세계

김홍근, 「재미있게 읽는 보르헤스」를 읽다. 옥타비오 파스가 말한 '아(a, 阿)'가 『바가바드기타』에 나온다고 김홍근 선생에게 말씀드렸다. "글자 가운데서 나는 '아' 자이며"(10 : 33) 신은 모든 것의 중심이며, 모든 것의 시작이다. 모든 언어의 시작이며 중심은 '아'다.

보르헤스의 단편 「알레프」의 한 구절을 읽어보자.

> 알레프의 직경은 2, 3센티미터밖에 안 되었지만, 우주의 전 공간이 축소되지 않고 거기 있었다. (…) 나는 모든 각도에서 알레프를 보았고, 알레프에서 지구를 보았으며, 지구에서 다시 알레프를 보았고, 다시 알레프에서 지구를 보았다.

여기서 김홍근은 화엄의 '일중일체다중일(一中一切多中一), 전체 가운데 하나하나의 개별적인 것들이 들어 있으며, 하나하나의 개별적인 것들 가운데 전체가 들어 있음'을 보고 있다. 화엄을 조금이라도 아는 이라면 누구나 공감할 수 있을 것이다.

> 보르헤스는 어디서 알레프의 힌트를 얻었을까? 이에 대한 직접적인 자료는 없지만, 백과사전을 달달 외울 정도의 박학다문한 보르헤스가 『불교입문』이란 책을 쓴 적도 있으니 아마 화엄경의 시공간 상호관통의 세계관에서 아이디어를 빌려오지 않았을까 생각된다.(pp.74~75)

만남을 통해서 배운다. 성천(星泉)문화재단은 좋은 인연이다.

(1995년 4월 20일)

미로, 부처로 가는 길

보르헤스 소설에는 미로(迷路) 이야기가 많이 나온다. 그것은 우주, 우리 삶의 은유이다. 그런데 문득 의상 스님의 '법계도' 그림이 미로가 아닐까 하는 생각이 들었다. '법계도'를 미로라고 인식하는 순간, 우리는 '법계도'가 갖는 또 다른 의미를 만날 수 있게 된다. '법계도'

의상 스님(625~702)

의 굴곡은 우연과 혼돈을, 그러나 그러한 굴곡들이 끝내는 혼선을 일으키지 않으며 한 길로 나아간다는 것은 필연과 질서를 나타내는 것이다. 다시 말하면 중생은 우연과 혼돈이고, 부처는 필연과 질서이다.

다만 보르헤스의 미로는 시간의 미로이고, '법계도'의 미로는 시간적 공간적 미로이다. '법계도'에는 공간의 미로만 있는 것은 아니다. 시간의 미로가 중첩되어 있다. 〈법성게〉 속에 시간론이 들어 있음을 통해서도, 바로 그 같은 점을 알 수 있을 것이다.

그런데 이렇게 미로의 상징은 동양에만 있는 것은 아니다. 서양에도 널리 존재해왔는데, 그 의미는 사뭇 다른 것 같다. 그 한 예를 『장미의 이름』(움베르토 에코, 이윤기 옮김, 열린책들)에서 만날 수 있다. 『장미의 이름』에서 미로로 설계된 장서각은 마침내 불에 타고 범인 호르헤 노수도사 역시 불에 타 죽고 만다. 그렇게 끝나고 있다.

> 사실 보르헤스의 작품은 미로가 지닌 다양성 개념을 중심으로 전개되고 있지만, 그 미로의 중심을 발견한 사람들은 '신을 본 자는 죽는다'는 종교관처럼 모두 죽음으로써 인간은 어찌할 수 없이 미로를 설계한 절대자 앞에 무릎을 꿇게 되는 염세주의적 세계관을 보여 준다.(송병선,「보르헤스와 한국문학」,『현대시사상』, 1995, 여름, p.125)

그런데 의상 스님의 '법계도'는 그렇지 않다. 그 중심에는 법(法)이 놓여 있고, 거기에서 부처와 중생은 만난다. 중생은 죽지 않고 부처가 되는 것이다. 이 점에서 브르헤스의 미로나 서양 미로와의 차이점을 볼 수 있다. 보르헤스의 시 「미궁」에 나타난 메시지와 '법계도'의 메시지 역시 다른 것이다.

'법계도'의 미로는 미로지만 질서 있는 미로다. 겉으로는 미로이지만 속으로는 미로가 아니다. 출구가 있는 미로이고 삶이 있는 미로이기에, 그것은 우리를 부처의 세계로 이끄는 길이 된다. 의상은 굴곡을 삼승(三乘)이라 했다. 굴곡을 거쳐서 부처에게 이른다는 것은 삼승이 곧 일승(一乘)에 거두어지는 것을 말한다. 삼승 역시 부처가 된다. 미로 속을 헤매는 중생 역시 모두 부처가 된다. 그래서 '법계도'는 '일승의 법계도'인 것이다.

"신을 보는 자는 죽는다"

이승우, 「미궁에 대한 추측」(『하나코는 없다』, 문학사상사, 1994)은 그리스 신화의 미궁 이야기를 소재로 삼고 있다. 쟝 델릭이라는 인물이 썼다는 『미궁에 대한 추측』이라는 가공의 책을 발견하여, 이를 번역하고 쓴 '해설'이라는 형식을 갖춘 소설이다. 이 소설 속에는 미궁의 존재 이유에 대한 네 가지 다른 견해가 제시된다. 법률가, 종교인, 건축가, 그리고 연극배우는 미궁에 대한 각기 다른 해석의 창조자이다. 아마도, 작가는 하나의 미궁에 대한 다양한 상상력/해석을 강조하고 있는 것이리라.

이 가운데, 미궁에 대한 서양종교(혹은 서양문명)의 입장을 잘 나타내고 있는 것은 종교인의 해석이다. 그는 미노타우로스라는 반인반우(半人半牛)의 괴물이 산다는 미궁은 신전

(神殿)이며, 미노타우로스라는 괴물은 괴물이 아니라 신(神)이라고 해석한다.

> 미노타우로스는 가까이 할 수도 없고 그래서도 안 되는 존재다. 왜? 그는 사람과는 다른 존재니까. 그에게 노출되는 것은 곧 죽음을 의미한다. 미노타우로스가 괴물이기 때문이 아니라 미노타우로스가 신성한 존재이기 때문이다. 고대인들에게 신성한 것은 곧 두려움의 대상이고, 그것에 접촉하는 것은 불경이다. "신을 본 자는 죽는다." 종교학자는 강조한다.

이처럼, 서양 미로의 중심에는 신이 있다. 그리고 그 중심에 이르러 신을 보는 자는 죽는다. 동양의 미로, 즉 '법계도'의 미로와 다른 점이다.

윤회와 「알무타짐을 찾아서」

1) 「알무타짐을 찾아서」 해설에서: 윤회는 단순히 순환이 아니라 고생의 순환이라고 하는 점을 깨닫다.

2) 처음 듣는 말인데, 이부르(Ibbür) 사상이라는 것이 있다: 유대교 신비주의의 윤회설인데, 선인의 영혼이 다른 사람의 영혼 속에 들어가고, 불행한 자의 영혼 속으로 들어가서 안정을 준다는 사상이다.

3) "서구의 (…) 윤회사상들은 (…) 인간 욕망의 한 형태로 이해되는 것이다. 불교의 윤회사상은 현재의 삶을 긍정

하고 보다 선한 삶을 살도록 유도하는 설득의 한 형태인 것 같다."(이남호, p.109)

4) 보르헤스의 불멸관:

> 결국 불멸은 다른 사람들의 기억 속에 있으며 우리가 남겨 놓은 행위 속에 있다. (…) 이 불멸은 사적인 것이 아니라 바로 우주적인 것이다. 우리들은 계속 불멸할 것이다. 우리들의 육체적인 죽음을 넘어서 우리의 기억은 남을 것이며, 우리의 기억을 넘어서 우리의 행위들과 우리가 한 일들과 우리들의 태도는 세계사의 경이로운 부분으로 남을 것이다.(pp.110~111.)

5) "우리 모두는 알무타짐을 찾아가는 순례자인 동시에 스스로가 알무타짐이다."→"우리 모두는 붓다를 찾아가는 순례자인 동시에 스스로가 알무타짐이다."(p.115) 순례의 미학이자, 순례의 철학이다. (1995년 5월 31일)

책과 책읽기에 대한 명상

가히 보르헤스는 '책의 명상가'이다. 책에 대한 글을 쓰고, 책의 형이상학을 수립한 인물. 그가 말하는, 혹은 이남호의 해설 속에 있는 텍스트론을 집대성해 보았다. 출전의 페이지는 모두 『보르헤스 만나러 가는 길』의 것이다.

1) "책은 별로 쓰이지 않되, 그 대신 정성껏 읽혀야 할 것이다."(p.22)

2) "보르헤스도 '많이 읽거나 한 번 읽기보다 다시 읽기가 더 좋다'고 했다."(p.36)

3) "책 쓰기란 책 보고 책 베끼기인 것이다. 책을 쓴다는 것은 옛날 사람이 이미 썼던 책을 읽고 그것을 다시 쓰는 일에 지나지 않는다."(p.104) 하늘 아래 새것은 없다. 용궁에 가면 『화엄경』이 있는데, 지금 우리가 읽을 수 있는 『화엄경』이 아니다. 지금 우리가 읽는 『화엄경』은 그 용궁에 있는 『화엄경』의 약본(略本)일 뿐이다. 용궁의 『화엄경』은 항본(恒本)이라 말한다. 그것은 온 세상 전부이다. 책으로 인쇄할 수 없다. 그러니, 약본 『화엄경』은 그 항본의 주석서일 뿐이다. 어찌 책 쓰기가 다시 쓰는 일이 아니겠는가.

4) "우리의 독서를 통해서만 책들은 영생을 얻을 수가 있는 것이다."(p.141)

5) "우리가 책을 읽을 때마다 그 책은 달라지고 단어들이 함축하고 있는 뜻도 달라진다."(P.144)

6) "책은 문자와 그것을 읽는 독자들 사이에 무정형(無定型)의 의미로 부유하면서 존재한다. 그래서 책은 '間텍스트'가 된다."(p.144)

7) "좋은 오독이라는 말은 흥미 있는 오독으로 보여질 수 있는 또 다른 텍스트를 생산하는 읽기, 즉 또 다른 텍스트를 생성하게 만드는 텍스트를 뜻한다."(p.145)

8) "독서란 텍스트를 소재로 해서 독자 스스로 의미를 만들어 내는 행위이다. 그래서 '창조적 오독'이 주장되기도 한다. 모든 독서가 오독이라면, 독서란 이미 단순한 글읽기가 아니라 새로운 글쓰기의 일종이 된다."(p.209) 이리하여 상호텍스트성이 해석학(解釋學)과 연결된다.

9) "해석과 상상만이 책을 진정으로 존재케 한다." (p.234)

10) "세상 읽기는 곧 기호풀이이고, 세상의 비밀을 캐는 구도자들은 기호론자들이다."(p.242)

이러한 상호텍스트성의 독서법은 불교 안에서도 발견할 수 있다. "책읽기가 곧 창작"이라 하고, 독서란 이미 단순한 읽기가 아니라 일종의 새로운 글쓰기라고 한다면, 의상이 '법계도'를 짓고 나서 자신의 이름을 서명하지 않았던 이유에 대한 새로운 대답을 얻게 된다. '법계도'의 저자는 누구인가? 의상(義相) 스님인가? 아니다. '법계도'는 바로 세상을 도상화(圖像化)·문자화(文字化) 한 기호이므로, 그 내용 역시 인간 의상의 창작이 아니다. 우리 모두가 '법계도'의 주인이며 저자일 수 있으므로 특정인의 저술일 수는 없다는 것이다. 그러한 상호텍스트성의 이치를 의상 스님은 이미 깨닫고 있으며, 실천하고 있는 것이다. 저자 이름 자리를 ( )로 비워둔 뜻이다.

(1995년 6월 1일)

실패로 끝난 이름 찾기

●●● 〈파리에서의 마지막 탱고〉
(B. 베르톨루치, 이탈리아, 1972)

베르나르도 베르톨루치, 〈파리에서의 마지막 탱고〉를 거듭 보다. 명화(名畵)다! 이 영화의 주제를 파악하는 데 있어서 이름이 얼마나 중요한, 핵심적인 모티브가 되는지 살펴볼 필요가 있다. 우선, 이름과 관련한 대사를 모아 보았다.

1) 아파트에서의 첫 섹스 이후, 다시 아파트에서 두 남녀가 만났을 때 여자가 남자에게 말한다.

> "뭐라고 불러야 하나요?"
> 남자가 대답한다. "난 이름이 없어."
> "제 이름이 궁금하지…."
> "아니, 이름 따윈 필요 없어, 미쳤구나. 당신이나 나나 이름이 없어. 여기선 이름이 없어. 아무도. (…) 왜냐하면 여기선 이름이 필요 없으니까. 모든 걸 잊을 수 있잖아."

2) 중반쯤, 여전히 여자는 남자의 이름이 궁금하다. 재시도!

> "이름을 알고 지내면 좋겠어요."

"이름이라구? 세상에 살면서 수많은 이름을 갖게 됐지. 더 이상의 이름은 싫어. 내 이름 들어보겠어? (개 짖는 소리) 차라리 으르렁대는 게 나아."

3) 남자 주인공은 자기 이름과 동일한, 여자의 사촌 이름이 들먹여지는 것에도 소리를 질러 댄다.

"이름을 말하지 말라고 했잖아. 안 돼! 이름은 안 돼! 진실은 괜찮지만, 이름은 들먹이지 마."

4) 어쩌다가 여자가 남자 주머니를 뒤지자, 남자는 왜 뒤지느냐고 그 이유를 묻는다. 여자는 말한다.

"당신을 알고 싶어서."
그러나 남자는 여자에 대해서도 알고 싶어 하지 않는다.

5) 결말 부분에 들어서면서 남자는 비로소 여자의 이름을 알고 싶어 한다.

"당신 이름을 알고 싶어."
"쟌느"
그러나 때는 이미 늦었다. 왜냐하면 여자는 남자에게 질려 버렸기 때문이다.

6) 라스트 scene. 남자는 여자의 총에 맞아 쓰러진다. 오른손에 총을 든 여자가 혼자 더듬거리며 말한다.

"난 저 사람 몰라. 거리에서부터 날 쫓아와서 겁탈하려 했어. 미친 사람이야. 이름도 모르는 걸. 그가 누군지도 몰라.

날 겁탈하려 했어. 몰라 그 사람 몰라. 누군지 정말 몰라. 미친 사람인가 봐. 이름도 모르는 걸."

이름 잃은(失名) 사람의 이야기라는 점에서 〈경마장 가는 길〉이 생각난다. 다만, 〈경마장 가는 길〉이 어떻게 이름을 잃어버리게 되었는가에 대해서 고(苦)와 집(集)에 초점을 맞추고 있는 이야기라면, 〈파리에서의 마지막 탱고〉는 '잃어버린 이름 찾기'에 대해 멸(滅)과 도(道)에 초점을 맞추고 있는 이야기라는 차이가 있다. 또 김춘수 시인의 「꽃」을 생각나게 하는 영화다.

내가 그의 이름을 불러주기 전에는
그는 다만
하나의 몸짓에 지나지 않았다.
내가 그의 이름을 불러 주었을 때
그는 나에게로 와서
꽃이 되었다.
내가 그의 이름을 불러준 것처럼
나의 이 빛깔과 향기에 알맞는
누가 나의 이름을 불러다오
그에게로 가서 나도
그의 꽃이 되고 싶다.

우리들은 모두

무엇이 되고 싶다.
　　너는 나에게 나는 너에게
　　잊혀지지 않는 하나의 눈짓이 되고 싶다.

　누군가가 나의 이름을 불러줄 때 나는 그에게 가서 '꽃'이 되고, 또 '잊혀지지 않는 하나의 눈짓'이 된다. 우리는 누구나 그것을 희망하면서 살지 않는가. 그런데 여기 예외가 있다. 아니, 이름 부르고 이름 불리기를 거부하는 남자가 있다. 이름의 세계, 그 세계에서 상처 받은 남자다. 그는 이름의 세계에서 제대로 견딜 수 없다. 바람난 아내의 자살 때문이다. 그에겐 이제 구원이 필요하다. 우선, 떠나야 한다. 떠날 곳, 이름이 미치지 못하는, 이름이 소용없는 해방구가 필요하다. 그 '해방구' 속에서 한 여자를 만나고 섹스를 한다. 그것은 사랑의 정점이 아니라, 타인에 대한 가학(加虐)이며, 스스로에 대한 자학(自虐)과 다르지 않다. 사랑이 그를 구원할 수 있을 텐데 애당초 그는 사랑을 원하지 않는다. 사랑도 이름의 세계에 속한 일이기 때문이다. 그럴진대, 해방구에서 만난 여자와의 관계는 사랑 없는 섹스만으로 진행된다. 영화는 묻는다. 사랑 없이 섹스만으로 구원에 이를 수 있는가? 아니다. 영화의 종반에 들어서면서, 남자의 마음은 다소 열리게 된다. 마침내 여자의 이름을 묻는다.

　　"당신 이름을 알고 싶어."
　　"쟌느."

그러나 그뿐. 그녀는 이미 남자를 놓아버렸으므로 남자의 이름을 묻지 않는다. 여자의 이름을 물었을 때에는 자기 이름 역시 말해 줄 준비가 되었던 것인데…. 때가 늦었던 것이다. 끝내 사랑의 합일은 없다. 남자는 여자가 쏜 총에 맞고, 쓰러진다.

불교에서는 모든 이름을 가명(假名)이라 한다. 이름은 진실이 아니다. 그렇다고 이름이 무용(無用)한 것은 아니다. 가명일지라도 공능(功能)이 있으니 인간은 저마다 그 가명을 붙들고 살아갈 수밖에 없기 때문이다. 이름을 떠난 진실의 세계가 진제(眞諦), 이름의 세계는 속제(俗諦)다. 『중론』은 "속제에 의하지 않고서는 진제에 들어갈 수 없다"고 말한다. 베르톨루치는 그 같은 철학을 우리들에게 보여 주고 가르쳐 준다. 파격적인 섹스 scene으로 많은 화제가 되었지만, 정작 철학적이었던 까닭에 쉽지 않은 영화였다(공감하지 못하는 섹스가 관객에게는 얼마나 참기 어려운 고문인지, 이 영화는 잘 보여 준다). 텅 빈 의자가 많았던 것이나, 중간에 일어나서 나가는 사람이 많다. 철학 읽기에 실패했기 때문으로 생각된다.

(1997년 1월 16일)

실(實)없이 허(虛)로만 존재하는 이야기

● ● ● 『내게 거짓말을 해봐』
(장정일, 김영사, 1996)

『장정일의 독서일기 3』(범우사)은 후반으로 갈수록 장정일 작가의 문제작 『내게 거짓말을 해봐』에 대해서 그 스스로 여러 가지 해설을 전개하고 있어서, 독자로 하여금 많은 감회를 갖게 한다. 자신의 소설의 주제는 '자기모멸'(p.187)이라고. 스스로 자기 생을 반납하는 사람들이 그 길을 선택하는 가장 큰 이유는 자기정체성의 상실 때문이 아닌가 싶다. 자기정체성의 상실, 그것은 곧 자기모멸 내지 자기부정으로 연결될 수 있으리라. 극단적으로 스스로를 '똥'이라고 인식하게 된다.

> 나의 분신 '제이'가 와이의 똥을 먹으며 이렇게 말한다. 나는 어떻게 이렇게 똥을 잘 먹을 수 있는가, 하고 묻는다. 까닭은 자명하다. 제이 자신이 바로 똥이기 때문이다.(p.187)

나는 누구인가? 이 화두에 대한 해답으로 '똥'이 제시된 것은 그렇게 새로운 것은 아니다. 시인 최승호의 『진흙소를 타고』에서도 등장하지만, '똥/욕망으로 가득 찬 가죽주머니'라는 이미지의 본적은 불교이다.

스스로를 관찰해 보라. 정직한 사람이라면, '똥'이라 대답할 수 있을 것이다. 장정일 작가와 같이, 스스로를 '똥'이라 인식하는 것은, 그러므로 매우 정직한 태도이다. 그는 위선(僞善)의 거짓을 깨뜨리고자 한다. 위선을 깨뜨릴 수 있는 '자유로우며 불온한 예술'(p.190)의 기능을 실천하고자 한다. 그런 점에서 『내게 거짓말을 해봐』를 보지 못했지만 나는 그것이 단순한 음란물이 아니라는 그의 주장을 수긍하게 된다. 『내게 거짓말을 해봐』가 자기모멸 내지 자기부정을 테마로 하는 점에서 〈파리에서의 마지막 탱고〉와 서로 통할 것으로 짐작된다. 기실, 스스로를 '똥'이라 인식하는 사람에게 어떻게 이름이 있을 수 있겠는가. "모두 알파벳 약호로 불려지며 아무도 이름을 가지고 있지 못하다. 하지만, '우리'만이 고우리라는 성과 이름을 온전히 뽐낸다. 까닭은 그녀만이 주체적인 인물이기 때문이다."(p.264) 이름 잃은 사람들의 이야기라는 점에서도 『내게 거짓말을 해봐』는 〈파리에서의 마지막 탱고〉와 통하는데, 이른바 최승호의 표현대로 '무인칭'의 삶을 사는 것이다.

예술가들은 우리 앞에 우리의 숨겨진 모습(똥)들을 드러내 주는 악역(?)을 담당한다. 그들에게 가끔 가혹한 형벌이 주어지는 것도, 그들의 그 같은 업-책무-의 무게 때문일 것이다. 『내게 거짓말을 해봐』로 인하여, 다가올지도 모르는 억압에 대해서 작가는 그것을 감내하려 든다. 와이를

'열여덟 살의 여고생'으로 고집하고 있는 것이다. "인생은 짧고, 예술은 길다"고 그는 믿고 있는 것이다.

나는 그의 이야기에 수긍하는 입장이다. 그러면서도 여기서 한마디 보태고 싶은 것은, 『내게 거짓말을 해봐』자체에 대해서가 아니라 그의 '자기모멸'을 통한 위선의 폭로에 대해서이다. 위선은 나쁘다. 그러나 내가 '똥'인 줄 알지만 '똥' 아닌 척하는, 그러한 모습을 직시하지 않고 외면하는 것 때문에 나는 살 수 있다. 살아갈 수 있다. 그 정직한 인식(물론, 그보다 더 깊이 들어가면 "나는 부처다"는 인식이 샘솟아 오르며, 그 사이에 두꺼운 얼음짱이 존재하는 것이 사실이며, 그것을 녹이는 것이 선(禪)이라고 불교에서는 말한다)을 잠시도 외면하지 않는다면, 살 수 없을 것이다. 그 '똥'으로 가득 찬 내면을 서로 짐짓 모르는 척하며 함께 살아가는 것이다. 위선이지만, 그 위선이 필요하다. [감추는 일을 털어놓고 나면 개운해질 터이다. 그렇다고 해서 '사람'을 향해서 털어놓을 수는 없다. 가톨릭에서 고해성사를 하고, 불교에서 부처님께 절을 하면서 참회하는 일은 모두 그 같은 배경에서 나오는 타협책이 아니겠는가.]

위선은 가짜의 세계다. 허(虛)이며, 가(假)이다. 나는 그렇게 가아(假我), 가유(假有)로서 존재해 가야 한다. 생활해 가야 한다. 이때, 위선은 거짓의 길이지만 동시에 거짓을 넘어 선(善)으로 향하는 위선(爲善)의 길이기도 하다. 김원룡 박사의 지적처럼, 나와 같은 교육자나 종교인이 가장 위선자가 되기 쉽지만, 우리들이 행하는 언어는 바로 우리를 위선의 세계에서 선의 세계로 끌어올리는 언어인 것이다. [말은 그 같은 능력을 갖고 있다. 이규호, 『말의 힘』(제일출판사, 1988) 참조] 그런 점에서 위선의 폭로가 방편인 것처럼, 위선의 은폐 역시 방편일 수 있는 것이다.

문제는 위선의 폭로가 방편으로서 인정받지 못했다는 점인데, 장정일 작가의 이야기를 듣다가 문득 떠오른 생각은 "『내게 거짓말을 해봐』는 부재(不在)·부독(不讀)·불매(不賣)·불매(不買)로 인해서 더욱 '소설'이 된 것 아닐까" 하는 것이었다. 실체 없이 허(虛)로만 존재하는 이야기, 실체가 없기에 이야기는 계속 생산될 수 있을지도 모른다. 그러나 허이면서도 여전히 실(實, 리얼리티)을 갖고 있는 것, 그것이 소설 아닌가. 장정일 작가나 뜻있는 출판사에서 실체가 없는 『내게 거짓말을 해봐』로부터 계속 새로운 이야기를 만들어 주었으면 좋겠다. 이야기가 이야기를 낳을 수 있을 때, 비로소 진정한 이야기가 될 수 있겠기에 말이다.

고독 · 독립 · 사랑의 변증법

● ● ●『구름꽃』
(김윤규, 풍경, 1991)

불교소설의 새로운 전형

꽤 큰 어느 불교 책 전문서점에서 김형숙 역『구름꽃』을 찾았으나, 없다고 했다. 전화번호를 확인하고 풍경출판사로 연락을 했으나, 그 전화번호조차 이미 바뀌어 있다. 이 책이 품절되었을 가능성이 있지만, 오히려 그렇기 때문에 이렇게라도 이야기해 둘 필요성이 더해진다. 결코 잊혀서는 안 될 책이기 때문이다.

근래에 나는 또 다른 불교소설인 이홍주의 『하산』(불지사, 1995)을 읽었다. 이 『하산』을 읽음으로써 나는 종래 우리 불교소설의 문제점을 알 수 있게 되었다. 물론 『하산』이 갖고 있는 시대적 의의는 누구도 부정하지 않을 것이다. 그것이 1967년에 발표된 작품임을 생각하면, 놀라움을 금치 못할 정도이다. 그런 의미에서 다시 읽힐 수 있게 재출판되었다는 것은 크게 다행스런 일이다.

그런데 한편으로 답답한 느낌을 금할 수 없었다. 왜 우리 불교소설, 특히 장편의 경우는 한결같이 파계(破戒) 모티브밖에 취할 수 없는가? 왜 욕망과 계율의 대립 구조로밖에 이야기를 끌고 가지 못하는 것인가? 너무 안일한 태도는 아닌가? 혹시 문학평론가 임헌영의 지적과 같이 "가장 다루기 쉽고 재미도 있으며 약간은 저속한 대중성"(『하산』, 244쪽)까지 담보할 수 있어서인가? 이들 파계 모티브의 소설들이 독자에게 어떤 여운을 남겨 주는 걸까? 불교를 모르는 일반대중에게 과연 어떤 이미지를 남겨 주게 될 것인지 염려되었다. 일차적으로 문학적 척도로 바라보아야 할 소설에 대해서 그런 점까지 염려하는 나의 태도는 너무 보수적인 것일까?

『구름꽃』은 이 같은 불교소설의 일반적 접근방법(모티브)과는 다른 차원의 작품이다. 그런 의미에서 불교소설의 새로운 전형을 개척하고 있다고 말해도 좋을 것이다. 그뿐만 아니다. 『구름꽃』은 종래 우리네 장편 불교소설들이 주지 못한 감동을 전해 준다. 에밀레 종소리 같은 깊은 여음이 울린다. 아마도 사건의 갈등 위주로 전개되는 것이 아니라 자연과 삶의 풍경을 그린 사실성(寫實性)·심리묘사와 회상 등이 위주가 되기 때문인지도 모르겠다.

유감이지만, 번역서의 제목에 대한 불만부터 이야기해야겠다. 1975년 재일교포 작가 김윤규(金胤奎, 일본명: 立原正秋/다치하라 세이슈, 혹은 다치하라 마사아키)가 일본 신조사(新潮社)에서 처음 출판하였을 때, 그 제목은 『겨울의 유산』이었다. 역자가 1986년 『하얀 겨울의 유산』이라 하여 '노(路)출판'에서 펴냈을 때만 해도 비록 군더더기를 붙이긴 했지만 원제는 살아 있었다.

그러나 1991년 출판사를 옮겨 다시 출판하면서 웬일인지 『구름꽃』이라고 제목을 바꾸었다. 원제가 주는 이미지를 완전히 없애버린 것이다. 나는 지금까지 이 소설을 세 번 읽었는데, 왜 역자가 『구름꽃』이라 옮겼는지 도무지 이해할 수 없다. 혹자는 "제목이야 무엇이라 하든 상관없는 것 아닌가?" 할지도 모르겠다. 그러나 적어도 이 소설의 경우는 전혀 그렇지 않다. 작가는 이 소설의 모든 이야기를 제목을 통해서 상징적으로 나타내고 있기 때문이다.

두 가지 겨울 이미지

겨울의 이미지. 잎은 다 떨어져 뿌리로 돌아가고, 모든 것은 움츠러든다. 따스함이라고는 없다. 잿빛의 시간, 죽음의 계절. 소년은 그런 겨울을 살아왔다. 아버지는 스님이었는데 어느 날 자살하였다. 아버지가 죽은 뒤, 일본인이었던 어머니는 흐트러진 모습을 보이기 시작하다가 재혼하여 일본으로 돌아간다. 소년은 잠시 외숙부의 보살핌을 받지만, 외숙부마저 떠난다. 고아로 남겨진 어린 소년의 삶은 어떤 계절이겠는가? 추위・배고픔・병・고독은 그의 삶이 '추운 겨울'이었음을 말하고 있다. 주인공은 이 겨울의 체험을 평생의 유산으로 간직한다. 훗날 어머니를 다시 만났을 때 아무 감동이 없었던 것도 그런 겨울을 지내 왔기 때문이다.

그러나 겨울의 의미는 그것만이 아니다. 나목(裸木)은 고독의 이미지를 주기도 하지만 온갖 허상과 거짓을 떨쳐 버린 본래의 순수한 모습을 상징하기도 한다. 따라서 겨울은 본래면목을 되돌아보는 시간이기도 한 것이다. 소년의 아버지 한거 원준(閒居圓俊) 스님이 『조선불교사』와 『벽암록』을 강의하던 무량사(현재의 안동 봉정사라고 역자는 주를 달고 있다)는 선종의 사찰이었다. 무량사의 큰스님(無用松溪)과 허백당 청안(虛白堂淸眼) 스님 등 여러 스승으로부터 "부처를 만나면 부처를 죽이고 조사를 만나면 조사를 죽여라"는 임제종의 가풍을 몸에 익힌 것은, 소년의 나이 겨우 여섯 살 때부터였다. 또 다른 겨울의 유산이 아니겠는가.

안동 봉정사

이 겨울의 유산으로 고독과 무상감을 이기며 소년은 성장해 간다. 한 실례로 고독·추위·병고의 절정에 놓이게 되자, 소년은 『벽암록』에 나오는 '한서도래회피(寒暑到來回避)' 공안을 펼쳐 읽으며 그 고난의 세월을 홀로 견뎌 간다. "추울 때는 나를 추위로 죽이고, 더울 때는 나를 더위로 죽여라."

이 소설의 해설은 여기서 끝나도 좋으리라. 작가는 무상(無常) 속에서도 스스로 굳건히 일어선다는 이중적 의미를 제목 속에 잘 함축하고 있는 것이다. 그러므로 『겨울의 유산』이라는 원제 그대로 옮겨야 하지 않았나 싶은 아쉬움을 감출 수 없다.

모성의 부재와 그 극복

『구름꽃』은 작가의 자전적 성장소설이다. 전체는 1부 '행복과 무상감 사이에서-유년시절', 2부 '고독과의 이별-소년시절', 3부 '축하할 만한 날-건각사 산문 앞'으로 이루어져 있다. 이중 1·2부는 무량사와 인근의 읍·구미를, 3부는 일본을 무대로 하고 있다. 나는 이를 다시 1부 '아버지가 있을 때와 아버지의 자살', 2부 '어머니의 부재', 3부 '아버지가 되어서'라는 새로운 이름을 부여하고 싶다. 그것이 작품의 주제를 이해하는 데 도움이 될 듯해서이다.

얼핏 생각하면, 아버지의 자살이 소년에게 소년답지 않은 고독과 무상감을 심어 주었을 것으로 생각하기 쉽지만 꼭 그렇지만은 않다. 주인공은 다음과 같은 임종게 하나를 남기고 자살한 아버지와는 오히려 일체감을 느낀다.

이 세상 모든 것은 물거품이요, 그림자여라
나, 오늘 아침 이 육신을 벗고

> 공무(空無)로 돌아가니
> 옛 부처의 집 앞에는 달이 밝구나.

그러면서도 정작 살아 있는 어머니와는 단절감을 느낀다. 선승의 아내로 남지 못한 어머니와 정신적 단절을 느끼고 있는 것이다.

> 나에게 있어서 어머니는 그림자가 엷었으며, 무언가 비린내가 느껴지는 여인이었다. 귀찮은 여인이었다. 보지 못하던 갓난아기에게 젖을 물리고 있던 어머니는 자식인 나에게 있어서 아름다운 어머니는 아니었다.

그렇다면 주인공은 어떻게 현실에 뿌리를 내릴 수 있었을까? 어떻게 무상을 극복했던가? 물론 임제선의 정신 덕분이기도 하지만 또 다른 현실 속의 삶이 그것을 가능케 한다. 그 자신, 아버지가 되었기 때문이다. 현실의 모든 삶이 하나의 티끌과 같음을 알지만, 그 한 티끌 속에 온 우주가 들어 있음을 깨닫게 된 것이다. 이른바 화엄적 깨달음이라 할 만하다. 그는 그러한 자신의 깨달음과 기쁨을, 아들이 태어나자 쓴 「축하할 만한 날」이라는 시에서 이렇게 노래한다.

> 숱하게 반짝이는 눈(眼)처럼
> 하늘에 가득한 빛들이
> 한꺼번에 쏟아져 내리던 날
> 아, 축하할 만한 날
> 아내여, 사내아이다

비길 데 없이 기쁜 날이다
아들아
네가 태어난 날은
무르익은 오월
잣밤나무 어린 잎에 햇살이 부서져
이 끝없는 세계를
빛의 알갱이로 가득 채우고
언덕에서는 많이 울었다
얼마나 드넓은 세계인가
얼마나 아름다운 날인가

숱하게 반짝이는 눈(眼)처럼
하늘에 가득한 빛들이
한꺼번에 쏟아져 내릴 때에
아내여, 당신은 아들을 낳았네
이 끝없는 세계 속에서
작은 알갱이밖에 안 되는
너희들이
나에게는
어쩌면 이토록 착한 존재인가. (pp.215~216)

아들의 존재를 통해서 비로소 어머니의 부재를 극복해 간 것이다. 참 아름답지 않은가! 나도 『구름꽃』 속으로 들어가고 싶다. 작가와 마찬가지로, 나 역시 내 정신의 고향을 그리워하고 있으며, 『구름꽃』 속에는 그 고향이 있기 때문이다.

(『책 안의 불교, 책 밖의 불교』, 시공사, 1996)

'겨울의 유산'으로
'겨울의 유산' 넘어서기

●●●『겨울의 유산』
(立原正秋)

보기 드문 선(禪)소설

혹시 기억하실 분이 계실지 모르겠습니다만, 제 책 중에『책 안의 불교, 책 밖의 불교』(시공사, 1996)라는 것이 있습니다. 벌써 10년도 더 전에 나왔습니다, 40편의 서평을 모은 책입니다. 그중에『구름꽃』이라는 소설에 대한 독후감이 있습니다.

저는 가끔씩 이 책 생각을 하면서, 원전을 구해서 읽어봐야겠다는 염원을 품게 되었습니다. 2002년 가을부터 2003년 봄학기까지 교토에 와서 살 때, 이 책의 원전을 찾으려고 애를 쓴 일이 있습니다. 제가 당시에 갖고 있었던 유일한 정보는 출판사가 "신조사"(新潮社)였다는 것뿐이었습니다. 당시 저는 신조사에서 출판된 책의 목록을 검색해 본 일이 있는데, 소설의 원제를 모르고 있었던 형편이라서 그랬는지 결국 찾지 못하고 말았습니다.

그리고 만 3년 반이 지나서 뜻밖에 실마리를 만나게 되었습니다. 지난 학기가 다 끝나갈 무렵 동국대학교 일어일문학과의 김환기 교수님께서 『일본 불교문학의 이해』(동국대 출판부, 2006)라는 책을 증정해 주셨습니다. 역시 일문과의 요시모토 하지메(吉本 一) 선생님과 함께 번역한 책이었습니다. 원래는 일본의 다이쇼 대학(大正大)에서 만들어진 논문집이었습니다. 사실, 학기 중에 교수가 목적 없는 독서, 유희로서의 독서를 한다는 것은 극히 어렵습니다. 마침 종강도 하였던 터라, 틈틈이 그 책을 다 읽었습니다. 그 책에 실린 바로 마지막 논문(「현대문학과 불교」, 스기자키 도시오/杉崎俊夫)이 현대 일본에서의 불교문학을 소설 중심으로 다루고 있었습니다.

현대 일본의 불교문학에는 크게 두 갈래의 흐름이 있다고 합니다. 하나는 정토진종의 흐름인데, 악의 문제를 치밀하게 의식하고 있다는 것입니다. 이 갈래의 소설들은 그 요지만으로도 재미가 있어서 제가 김환기 교수님께 "좀 번역해 달라"고 부탁을 드릴 정도였습니다. 하지만 저로서는 바로 두 번째 흐름에 대한 논의 속에서 『구름꽃』(『하얀 겨울의 유산』)에 대한 결정적 정보를 얻을 수 있게 되었습니다. 그 두 번째 흐름은 임제선의 사상에 입각하고 있다는 것인데요. 대표적 작가로서 바로 다치하라의 이 작품을 들고 있었던 것입니다.

그 작품의 작자 이름이 다치하라 세이슈('다치하라 마사아

키'라고 읽히기도 합니다)라고 하는 것, 소설의 원제목이 『겨울의 유산』으로 번역할 수 있는 『후유노 가타미니』(冬のかたみに)라고 하는 것을 알게 되었습니다. 저는 비로소 제가 과거에 왜 그렇게 이 작품의 일본어 원전을 찾지 못하였는지를 알 수 있었습니다. 이 작가는 일본으로 귀화한 한국인, 아니 한국인이었다가 일본인이 된 사람입니다. 그런 인연으로 하여, 『하얀 겨울의 유산』에서나 『구름꽃』에서나 모두 한국인이었을 때의 이름을 썼던 것입니다.

이름에 담긴 우여곡절

김윤규(金胤奎)

다치하라 세이슈
(김윤규, 1926~1980)

이 이름의 문제는 매우 중요합니다. 이름은 바로 자기정체성을 나타내는 것 아닙니까? (이름에 담긴 자기정체성의 문제를 다룬 영화가 바로 〈파리에서의 마지막 탱고〉라고 저는 보고 있습니다.) 그런데 이 작가는 자기 이름을 오랫동안 갖지 못합니다. 자신이 한국인임을 극구 부인, 자기 정체성을 숨기고자 했습니다. '갖지 못했다'기보다 한국이름을 숨기고자 했습니다.

물론, 애당초에는 '김윤규'로 태어나지요. 그렇지만, 선승이었던 아버지가 자결을 하고(소설 속의 허구일 뿐, 실제로는 병사하였다는 이야기도 있습니다만), 어머니가 재가한 뒤 혼자 남겨져서 '겨울'을 보내야 했습니다. 외삼촌에게 맡겨졌다가, 어머니의 재혼 당사자의 집에 맡겨지기도 하고, 또 결혼해서는 처가에 의탁하기도 했습니다. 그러는 과정에서 그의 성과 이름은 그때마다 바뀌어져 갔다는 것입니다. 그러다가 작고하기 바로 얼마 전에야 자기가 희망하는 성씨와 이름을 겨우 얻게 되었다는 것입니다. 그 이름이 바로 '다치하라 세이슈'입니다. 그가 죽기 2개월 전에 이 성명을 등록하고 난 뒤 얼마나 기뻐했는지를 우리가 읽는다면, 그렇게 할 수는 없었을지도 모릅니다. 얼마나 일생의 염원이었으면 식도암으로 투병중인 병상의 그를 위해 그의 가족과 지인들이 모두 나서서 법원을 드나들며 개명수속을 했을까요? 혹시라도 이 소설이 새롭게 우리나라에서 출판된다면 '다치하라 세이슈 지음'으로 해 주어야 한다고 저는 믿습니다. 더욱이 1975년에 신조사에서 나온 작품집에서는 '다치하라 세이슈'라는 이름을 그 스스로 표방하고 있지 않습니까. '다치하라 세이슈'라고 하는 것이 그분의 자유의지에 대한 존중이라고 보는 것이지요. 민족보다 개인이 앞선다고 저는 봅니다.

다만, '역자 해설' 등에서 한국인으로 태어났으며 그때의 이름이 '김윤규'였다고 하는 점을 언급해 주는 정도는 좋다고 봅니다. 그러한 자전적 요소는 이 소설의 이해를 위해서도 반드시 필요한 일이라고 생각합니다. 이런 점에서 아쉽게 생각되는 측면이 있습니다.

마찬가지 맥락에서 제목의 의미에 대해서도 다시 생각해 보아야 할 것 같습니다.

"겨울의 유산"

유산은 누군가로부터 물려받는 것이지요. 그러면서 동시에 물려받은 뒤로부터 늘 가지고 있는 것이라는 의미 역시 있지 않나 싶습니다. 쉽게 놓여날 수 없는 것이지요. 그렇다면 누가 이 겨울의 유산을 만들어서 다치하라에게 물려준 것일까요? 아버지, 어머니, 그리고 무량사(無量寺)라는 절의 선승들입니다. 그 유산은 무엇이었을까요? "겨울의 유산"이라는 복합어는 두 가지로 해석될 수 있습니다. 산스크리트 공부하신 분들은 쉽게 이해할 수 있으리라 봅니다만, 첫째는 격한정복합어로 해석하는 것입니다. 겨울의 유산, 즉 겨울에 만들어진 유산이지요. 여기에는 겨울이라는 이미지가 동원될 수 있습니다. 차가움, 나목, 나신, 고독, 독립, 그리고 알아차림의 이미지입니다. 한마디로 말하면, 선(禪)입니다. 선이 물려준 유산인 것이지요. 작품의 주인공이자 화자인 "나"는 선승의 아들로 태어납니다. 그리고 유년이었을 때 그는 무량사에서 다 닳아버린 송곳(老古錐)의 이미지가 풍기는 무용 송계(無用松溪) 노스님, 삿됨은 한 치도 용서할 수 없다는 살불살조(殺佛殺祖)의 기백을 지닌 허백당 청안(虛白堂淸眼), 그리고 늘 무상 속에 살다가 스스로 공무(空無)로 돌아간 아버지 한거 원준(閑居圓俊)으로부터 임제선의 가풍을 물려받습니다.

이 가풍의 세계는 작은 정토의 세계입니다. 아마도 나는 작가 다치하라 세이슈가 평생 꿈속에서는 작가가 아니라 무량사의 선승이었을 것으로 믿어 의심치 않습니다. 틀림없습니다. 해병대만이 "한번 해병은 영원한 해병"이 아닙니다. 스님 역시 마찬가지입니다. "한번 스님은 영원한 스님"입니다. 그런 의미에서 환계(還戒)는 불가능할지도 모릅니다. 형식적으로는 가능할지 모르겠으나, 내면의 계체(戒體)는 돌려줄 수 없습니다. 평생 끌어안고 살 수밖에 없습니다. 그렇기에 무량사는 그리움의 대상이 되었던 것이겠지요. 실제로 어린 나이에 계를 받고 스님이 된 것은 아니지만, 그 선승의 세계를 익히고 살았던 것은 틀림없기 때문입니다. 그런 의미에서 일본불교의 풍습대로 그 역시 범해선문(梵海禪文)이라는 방명(房名)을 받고 있었던 것이겠지요.

그런데 그는 왜 무량사로 돌아가지 않았던 것일까요? 일본에서 그 무량사의 세계를 발견하였기 때문입니다. 무량사의 세계와 같은 세계가 일본에도 있었던 것입니다. 바로 일본 고전문학의 세계입니다. 『방장기』(方丈記)와 『도연초』(徒然草)로 대표되는 세계입니다. (이 중세 불교수필문학의 백미들은 고맙게도 우리나라에 이미 번역되어 있습니다.) 그의 앞에 무량사로 돌아가는 길과 일본 고전문학의 세계 속으로 들어가는 두 길이 놓여 있었을 때, 그는 후자를 택하였습니다. 하지만, 사실 그 두 세계는 동일한 세계였던 것입니다.

절들 역시 마찬가집니다. 그는 나라(奈良)의 절들을 좋아합니다. 작품 속에서도 아내가 아이를 낳자, 닷새 동안 다시 나라의 절들을 찾습니다. 호류지(法隆寺), 도다이지(東大寺), 도쇼다이지(唐招提寺), 야쿠시지(藥師寺) 등 나라의 고사들에서 그는 다시 무량사를 그대로 느끼고 만납니다.

뿐만 아닙니다. 그가 건각사(실제모델은 가마쿠라 원각사로 보입니다) 거사림에서 만난 선승 세키린(碩林) 역시 허백당 청안과 같은 '거대한 산맥'입니다. 떠나간 인연에 연연하지 않고, 스스로 우주 속에서 '홀로결사'할 수 있는 건곤독보(乾坤獨步)의 임제가풍을 잇고 있는 사나이였던 것입니다.

임제선은 거기 일본에도 있는 것이지요. [이 작품은 한국불교와 일본불교, 한국선과 일본의 임제선, 한국 절과 일본 절의 하나됨을 아름답게 그리고 있는 작품으로 읽을 수도 있지 않나 생각됩니다.] 그런 의미에서 임제선의 세계를 이 작품 『겨울의 유산』만큼 잘 표현한 소설을 저는 아직 만나 본 일이 없습니다.

"이런 작품이 많이 읽혀야 하는데…"

아내가 저의 말을 받습니다. "불교인만이라도 읽어야 하는 것 아닌가요?"

"그게 오늘 우리 불교의 현실인지 모르지요."

이야기가 길게 벗어난 느낌입니다. 다시 『겨울의 유산』의 의미로 돌아가 보지요. 두 번째 의미는 동격한정복합어로 이해하는 것입니다. 즉 겨울이 곧 유산이었다는 것입니다. 춥고, 배고프고, 아프고, 외로운 우리의 인생을 비유할 수 있는 계절은 무엇일까요? 바로 겨울 아닐까요? 실제로 행복하기만 했던 유년 시대가 막을 내리는 아버지의 자살도 겨울에 일어난 일입니다. 어머니마저, 낯선 여자아이에게 젖을 물리고서는 재혼을 해서 떠난 뒤 구미에 있는 외삼촌에게 맡겨집니다. 그러다가 의사인 외삼촌이 제주도 병원으로 근무지를 옮겨가자 그는 혼자 지내게 되지요. 이때 그는 절실하게 춥고, 배고프고, 아프고, 외로웠던 것입니다. 이 추위, 배고픔, 아픔, 그리고 외로움이 그가 받은 유산입니다. 아버지와 어머니로부터 받은 유산이지요. 외가의 피를 따라서 일본에 온 뒤 그가 받은 외로움 역시 상상하기 어렵지 않을 것입니다.

아버지의 유산과 어머니의 유산

그가 받은 유산 중에서 그가 긍정하는 것은 아버지의 유산이고 부정하는 것은 어머니의 유산입니다. 어머니의 유산이 주는 아픔을 견디게 하는 힘은 바로 아버지가 속해 있었던 세계, 즉 무량사가 전해 준 유산입니다. 아픔과 외로움을 이겨내는 힘으로 임제선보다 더 막강한 힘이 어디 있을까요? 일본은 이지메(집단 따돌림)의 본고장입니다. 당연히 이지메는 나쁜 일이지만, 이 세상은 이지메와 같은 부조리가 없을 수는 없는 것 아닌가 합니다. 그렇다면 우리가 우리 아이들에게 가르쳐야 할 것은 무엇일까요? 바로 이지메를 당하더라도 혼자서 굳건히 이겨갈 수 있는 힘일 것입니다. 바로 임제선이 가르쳐 줄 수 있는 것이지요. 현재 우리는 그러한 선의 정신, 선의 혼을 우리 다음 세대들에게 어쩌면 제대로 가르쳐 주지 못하고 있는 것은 아닐까요? 하기는 우리 기성세대부터가 이 임제선의 세계를 모르니까, 더 말할 수 없겠습니다만….

어머니의 유산은 왜 부정적으로 인식될 수밖에 없었던 것일까요? 어머니의 행동거지가 올바르지 않았기 때문입니다. 어머니는 '남'이 되고 맙니다. 따라서 이 주인공/작자에게는 어머니의 존재가 부재합니다. 아, 임제선의 세계는 정녕 남성들만의 세계인 것일까요? 그래도 좋은 것일까요? 어머니의 부재로 인하여 발생한 '겨울의 유산'을 또 다른 '겨울의 유산'으로 극복해 가는 것이지요. 그러면서 여성에 대해서도 부정적인 인상을 갖게 됩니다.

"여자를 만나면 여자를 죽여라"

그런 임제선의 기백으로 일관하여 이 소설이 전개된다면 어떠했을까요? 다행히 석가모니 부처님 외에 여성적인 관세음보살 역시 존재하는 것처럼, 이 주인공을 구원해 주는 것 역시 여성입니다. '작은 존재'인 아내입니다. 아내를 만나서, 아내를 통하여 여성성이 회복됩니다.

마침내 어머니를 용서합니다. 다만, 그 전에 그는 어머니를 회개시킵니다. 즉 '선승의 아내'로 돌아가게 하는 것이지요. 임종 전에 어머니와 대화를 나누면서, 자비롭고도 직심(直心)의 존재였던 어머니의 옛 모습을 되찾아 주고자 합니다. 눈물을 흘리면서, '선승의 아내'와 같은 마음으로 돌아가는 어머니를 주인공은 비로소 받아들입니다. 어머니를 타인의 자리로부터 당겨 내려 줍니다.

그렇다면, 아버지의 자살이 주는 부정적인 유산은 과연 없었던 것일까요? 그렇지는 않습니다. 비록 그가 아버지를 이해하고는 있지만, 여전히 그에게 아버지의 자살은 부정적인 유산으로 남아 있었던 것입니다. 바로 '아버지 되기의 두려움'이라는 유산입니다. 자기 역시 아버지처럼 자살하지 않을까, 라는 두려움이지요.

이 작품의 제3부, '건각사 산문 앞'에서 아이를 낳는 일이 주로 다루어지는 것은 결코 우연이 아닙니다. 유년의 행복과 소년의 불행이 제1부와 제2부에서 다루어진 뒤에, 2부에서 이야기되었던 불행이라는 유산의 극복이 오지 않으면 안 되는 것이지요. 그것을 다루는 것이 제3부입니다. 아이를 낳고, 그는 '축하할 만한 날'이라는 시를 씁니다. 그리고는 나라의 절들을 걸어봅니다. 나라의 야쿠시지에서 도쇼다이지로 걸어갈 때, 그 네 거리에서 아버지를 만나지요. 아버지는 말합니다.

"너는 살아라."

그래서 살기로 합니다. 아버지와 같이 무상을 체감하기는 하지만, 그러므로 더욱 열심히 살기로 합니다. 소설의 거의 끝 장면에서 주인공/화자는 다음과 같이, 아버지의 부정적 유산도 다 극복했음을 말하고 있습니다.

> 나는 이다(井田)와 헤어져서, 경내를 빠져나왔다. 백 미터 정도 앞에 양산을 쓰고서 유모차를 밀면서 걸어가고 있는 아내의 뒷모습이 보였다. 그것은 작은 존재였다. 이 세상의 현상에 항상됨은 없고, 모든 것이 공(空)임에도 불구하고, 나는 저 작은 존재를 지키지 않으면 아니 되었다. 지난밤에 읽었던 『증도가(證道歌)』의 한 구절이 생각났다.
>
> '하나의 달이 모든 물에 비추고
> 모든 물의 달은 하나의 달 속에 들어있네.'

이게 선이지요. 선의 세계는 "모든 것이 무상하다, 그러므로 방일하지 말고 정진하라"는 부처님의 유언의 세계와 다른 것이 아닙니다.

다치하라 세이슈는 이 작품을 내고 나서 불과 5년 뒤에 작고합니다. 1926년 1월 6일에서 1980년 8월 12일까지의 삶이었습니다. 그는 수많은 작품(참고로, 신조사에서 나온 그의 선집 11권에 이 작품이 있습니다)을 발표한 뒤, 말년에 비로소 이 작품을 씁니다. 어쩌면 평생 짊어지고 다니던 유산을 이 작품을 통하여 내려놓은 것이 아닌가 합니다. 흔히 작가는 그가 써야 할 하나의 이야기 때문에 작가가 된다는 말이 있지만, 이 작품으로 다치하라 세이슈에게는 더 이상 쓸 것이 없었을지도 모릅니다. 바로 그러한 작품으로 여겨집니다.

이 작품이 다시 우리나라에서 번역되고 출판되어서 읽힐 수 있을까요? 그 이전에 『하얀 겨울의 유산』이나 『구름꽃』에서의 번역 자체는 유려했던 것으로 기억됩니다만, 원전의 분량을 보니 혹시 축역(縮譯)한 것은 아닌가, 확인해 보고 싶은 생각이 듭니다. 아내도 집에 가면 한번 대조해서 읽어보겠다고 합니다.

저는 내일 다치하라 세이슈가 살았던 가마쿠라(鎌倉)를 세 번째로 찾아갑니다. 혼자서 원각사도 다시 가 보고, 가마쿠라문학관도 다시 가 보면서 다치하라의 체취를 느껴보고자 합니다. 임제선의 세계를 다시 그려 보고자 합니다.

(교토에서, 2007년 1월 28일)

『겨울의 유산』 밑줄 긋기

● ● ● 『구름꽃』
(김형숙 역, 풍경, 1991)

일본어 원문을 읽을 수 있는 극히 소수의 사람을 제외하고서는 다치하라 세이슈의 『겨울의 유산』을 읽을 수 있는 방법이 현재로서는 없다. 바로 그런 까닭에 나로서는 그 작품을 더욱더 다양하게 변주하고 있지만, 실제로 독자들로서는 가려운 발을 구두 신은 채 긁는 격이라 아니할 수 없을 것이다. 이 문제는 우리들의 염원이 모여진다면 언젠가 다시 새로운 번역이 출현하고 그때야 비로소 해결될 수 있을 것이다.

여기서는 다만 만해(卍海)의 말을 빌리자면, "한 그루 매화나무 그림자로 만석(萬石)의 맑은 샘 구실을 시킬 수밖에 없는가, 한다"(『조선불교유신론』 서문). 여기 『구름꽃』을 읽으면서 밑줄 그어 놓은 부분의 얼마라도 옮겨 적음으로써 '한 그루 매화나무 그림자' 구실을 할 수 있었으면 한다. 전후에 이어지는 다양한 변주곡들과 함께 작품을 상상하며 음미할 수 있었으면….

1) "봄, 가을에는 하인을 데리고 옛 도요지 자리를 찾아다니셨다. (…) 훗날 나는 이러한 무작위(無作爲)한 청자나 백자가 나의 마음속에 분명한 기억의 잔상으로 남아 있다는 것을 알았을 때, 더없이 행복한 어린 시절이었다는 것을 알았다."(pp.7~8)

2) "너의 할아버지는 자신의 넓은 영토를 일본인에게 넘겨주지 않고 지켰으나 그것은 그가 일본인과 결탁한 결과였다. 그 결과가 너의 아버지이고 바로 너다"(p.21). 무량사 큰스님의 말씀. 주인공에게 짙게 드리우는 그림자이다.

3) "훗날 나는 곧잘 이 청안을 생각하며, 그 사람은 언제나 뽑은 칼을 옆에 놓고 살고 있는 선승이었다고 생각하는 일이 있었다. 돌이켜 보니, 나는 큰스님으로부터는 관용을, 아버지로부터는 미(美)를, 허백당 청안으로부터는 윤리를 배운 것으로 생각된다"(p.36). 앞에서 이야기한 도자기는 아버지와의 인연이었으므로 이렇게 말하고 있다.

4) "아버지의 34년의 짧은 생애는 무상감에 의해 지탱되고 있었다. 내가 끝없는 외로움이 차 있는 토담 길을 걸은 것처럼 아버지도 역시 어린 시절 그곳을 걸었을 것이다."(p.71)

5) "절에 있을 때만은 나는 자신을 그곳에 맡길 수 있었다. 후에 많은 번뇌를 안고 세상을 걸어가면서 절을 생각해 보는 것만으로도 위로가 되었던 일이 때때로 있었다.

현실을 속이고 살아가지 못하는 자에게 이러한 줄기는 필요하였던 것이었는지도 모른다."(p.84)

6) "옛 청자나 백자를 일상의 그릇으로 사용하면서 그것을 몸에 익혀버린 것과 같이 임제의 가풍은 나도 모르는 사이에 내 마음에 자리를 잡고 있었던 것이다. 선(禪)의 세계에서 가끔 볼 수 있는 기발한 언동이 무량사의 승방에는 없었다. 기발하게 달려가는 것을 누른 것이 사서오경의 정신이었다는 것을 안 것은 퍽 오랜 후가 되어서였다"(p.86). 사서오경을 함께 가르친 분이 무용 송계 큰스님이었다. 선과 교를 하나로 아우르는 정도를 넘어서, 유교와 불교를 하나로 아우르는 가풍이었다.

7) "너의 출발은 한거 선생이 자결한 시점이다. 어떻게 해서 아버지를 능가할 것인가가 이제부터 너의 문제이다. 어려서 육친의 죽음을 보는 것은 한 번으로 족하다. 인간의 생사는 자연현상이므로 이제부터는 육친의 죽음에 번민하지 말아라"(pp.100~101). 청안의 충고이다.

8) "한 소년의 마음에 무상감이 차 있었다고는 하나 지난날 그곳에서 나의 아버지가 생활하고 있었다는 것을 생각하면 역시 나에게 그곳은 위로가 되었다. 무상(無常)이 세상의 실상이라는 것을 나는 누구에게서도 배우지 않았으나 체험에서, 그리고 나날의 생활에서 배워갔다고 생각한다." (p.120)

9) "나는 세키링을 생각하고 무량사의 선승들을 생각하며, 그들이 지니고 있는 엄(嚴)함 뒤의 따스함을 다시 생각하였다. 그 따뜻함은 끝이 없는 것이라고 해도 좋았다."(p.221)

10) "모든 것이 언젠가는 무상으로 돌아간다 하더라도 어린 생명과 그 생명을 만든 여인을 위해 나는 살지 않으면 안 되었다. 과거는 떠난 일이 없고, 현재는 멈추는 일이 없고, 미래는 오는 일이 없다."(p.228)

우리 작가들에게서도 이렇게 선을 주제로 하는 좋은 소설이 나오기를 기대해 본다. 그래서 끝없이 이야기가 이야기를 낳았으면 싶다.

(2007년 10월 4일)

삶과 소설 사이의 거리

● ● ●『한국사람 다치하라 세이슈』

(高井有一, 고려원, 1993)

금년 봄 동국대학교 일본학연구소 전임연구원 오석윤 선생에게 다치하라 세이슈의 『겨울의 유산』에 대한 감상을 이야기했더니, 직접 번역한 『한국사람 다치하라 세이슈』라는 평전을 건네준다.

"당시 고려원 사장이 김 교수님처럼 다치하라 팬이었는데, 번역해 달라고 해서 하게 되었어요."

이 책 역시 지금은 유감스럽게도 출판사의 도산 등으로 인하여 구하기 어려운 책이 되었다. 그냥 묵혀두었다가 여름 방학이 되어서야 읽을 수 있었다. 작가 다치하라의 삶과 문학 전반에 대하여 더 깊이 알 수 있는 책이지만, 나로서는 자전적 소설이라 할 수 있는 『겨울의 유산』에 대하여 챙겨 본 것들만 정리해 보기로 한다.

원전 없이 주석으로 읽는 작품

1) 작가의 아버지, 즉 소설 속의 주인공 아버지의 이름은 김경문이다. 『겨울의 유산』에서는 무량사(현 안동 봉정사)의 스님으로 등장한다. 이에 대해서 사실이 아닐 수도 있다는 점을 저자 다카이 유이치는 말한다.

> 김경문이 스님이었는지 그렇지 않았는지에 대해서 의문을 갖는 사람도 있다. 한국의 선승(禪僧)은 아내를 두는 것이 당연히 금지되어 있었기 때문이다. 속세에 살면서 사무장과 같은 형태로 절의 운영에 참여했을 가능성도 배제할 수 없으나 자세한 것은 알 수 없다. (p.12)

다치하라가 직접 쓴 자필 연보 역시 거짓이 많다고 한다. 사실대로 안 썼다는 것이다. 여기에는 어쩌면 정신분석이 필요할 수도 있겠다.

2) 『겨울의 유산』을 전개하는 데 중요한 반전(反轉)이 되는 사건이 아버지 김경문의 자살이다. 그러나 그것 역시 허구. "병사인 것은 확실하나 병명은 알려져 있지 않다"(p.12). "김경문이 군대에 재적했던 흔적은 없고, 그 죽음도 자살이 아니라 봉정사의 수축(修築)공사에다 정신적 피로가 겹친 결과로 인한 병사(病死)라는 사실이었다"(p.54). 저자 다카이는 다치하라의 고향이나 친인척들에 대한 광범위한 조사·인터뷰를 하고 있으므로, 그의 주장에 신뢰를 둘 수 있을 것이다.

3) 일본 중세문학에의 안착에서 고향의 세계를 발견하고, 바로 그렇기에 고향으로 돌아가지 않고 일본에 정착하고 만다는 이야기와 관련해서, 다치하라는 1971년의 어떤 글에서 다음과 같이 말하고 있다.

> 창조의 출발점을 어디에서 구해야 하는 건지, 나는 이것을 일본 중세문학의 역사적 실현 이외에는 있을 수 없다고 생각하고 있다. 젊은 시절 외국문학을 닥치는 대로 읽으면서 나름대로 얻었지만 내게 있어서 풍토(風土)야말로 결국 내가 돌아가야 할 곳이었다.

여기서 '풍토'라는 말은 '컨텍스트'에 해당한다. 그의 삶과 문학이 터 잡고 있는 배경이라는 의미이다.

4) 『겨울의 유산』(이 평전의 번역자 오석윤은 『겨울의 추억』으로 옮기고 있다) 속의 무량사는 "봉정사가 아니고 그보다도 훨씬 규모가 큰 경상남도의 통도사를 모방해서 설정되어 있다."(p.56)

5) '유산'의 의미를 가장 잘 드러내 주는 말.

> "저 바람마저 꽁꽁 어는 듯한 겨울은 나만의 세계가 되어 있었다. 나중에 어머니와 재회했을 때 내가 아무런 감동도 느끼지 못했던 것은 내가 이 겨울을 홀로 견뎠기 때문이다. 어머니는 다시 만난 것을 기뻐하며 눈물을 흘렸지만 눈물은 성가신 것이었다." (…) 구미의 겨울을 넘김으로 해서 자신은 오늘의 자신이 될 수 있었다는 말을 하고 싶었던 것이다.(p.60)

그런 의미에서 『겨울의 유산』은 성장소설(Bildungsroman)이라 말할 수도 있다.

6) 단행본 『겨울의 유산』 후기에서 다치하라는 그 소설이 세 번 만에 써진 것이라 말하고 있다. 1958년, 1964년에 각기 쓰려다가 그만두었다고 한다. 그리고 다시 10년 세월을 더 기다렸다가 썼다고 한다. 그 이유는 무엇일까?

> 그것은 내가 아무리 임제의 절에서 삶을 누리고, 유소년 시절을 승당에서 맹렬하게 훈련 받으며, 많은 선의 어록을 접하며 그것을 실천해 왔다 하더라도, 자신을 객관화하는 것은 쉽지 않았기 때문이다. 또 하나는 선의 어록은 익히고 있었으나, 이것을 단순한 지식으로서가 아닌 내면화된 울림으로 살릴 수 있을까 하는 자신감을 갖기까지 시간이 걸렸기 때문이다. 만일 10년 전에 썼다면 사소설이 되어 버렸을지도 모른다.(p.112)

7) 『겨울의 유산』은 '유년시대', '소년시대', 그리고 '건각사 산문 앞'이라는 제목이 붙은 3부로 이루어져 있다. 연재 당시에 독자들은 '소년시대' 이후에는 당연히 '청년시대'가 오리라 기대하고 있었는데, 그것을 건너뛰어서 '건각사 산문 앞'으로 가 버린다. 다카이도 뭔가 "따돌림 받은 듯한 기분이 들었다"고 한다. 그 이유에 대한 언급은 '후기'에도 없었다고 한다. 이에 대해서 평전의 저자 다카이 유이치는 다음과 같이 추정한다. 일리 있다고 생각해서 옮겨 둔다.

어머니에게 자신을 맡기며 일본으로 건너와 전쟁을 헤쳐 나가며 마침내 반려자를 얻을 때까지의 10년간의 체험은 그 시대가 30년 가까운 과거가 되어버렸어도 소설로 꾸미는 데 있어서는 너무나 생생했기 때문일까. 과거에 대한 마음의 아픔이 너무나 깊어서 그가 스스로 만들어 낸 인물을 상상 속에서 마음껏 살리지 못했다는 것을 알 수 있다. 이 시대를 감히 쓰고자 하면 사소설이 될 수밖에 없고, 그렇게 하는 것은 고백을 싫어하는 그의 성격이 허락하지 않았을 것이라고 나는 생각한다.(pp.116~117.)

8) 『겨울의 유산』에서 결말을 짓게 만드는 것은 "좌선이 아니라 장남의 탄생이었다"(p.120). 어머니로부터 애정을 받지 못한 "그는 순종하는 반려자를 얻자 그때까지의 갈증을 한때에 풀어 버리듯 응석과 방자함을 마음껏 풀어헤쳐 버렸는지도 모른다"(p.121). 그랬을 것이다. 이 평전을 읽으면, 아내를 어머니 삼아서 부리는 응석이 눈에 선하게 보인다. 그래서 아내에게 고생도 많이 시킨다.

9) 자, 고난의 세월을 반영하는 그의 이름의 변천사를 정리해 보자. ①김윤규→②노무라 신타로(野村 震太郎)→③긴인케이(金胤奎)→④가나이 세이슈(金井正秋)→⑤요네모토 세이슈(米本正秋)→⑥다치하라 세이슈(立原正秋). ①은 부모로부터 받은 이름이며, ②는 일본에 와서 아주 짧은 동안 불린 이름이고, ③은 본명을 일본어 음으로 읽은 것이며, ④는 창씨개명의 강요로 인한 것이고, ⑤는 결혼 후 아내의 호적에 들어가서 얻은 이름이며, 마지막으로 ⑥은 죽기 2개월

전에 법원으로부터 호적명을 얻은 것이다. 이 마지막 호적명을 얻은 것도, 그가 병상에 있을 때 지인의 도움으로 소송을 통하여 얻었다. 그 이전에 나온 그의 책에는 필명으로 '立原正秋'를 썼는데, 이때는 '다치하라 마사아키'라고 읽는다. 일본 대학 도서관에서 자료를 찾을 때는 다치하라 마사아키라고 해야 찾을 수 있다.

남아 있는 몇 가지 일들

자, 이제 다치하라 세이슈와 『겨울의 유산』에 대한 나의 탐현기(探玄記)도 맺음할 때가 되었다. 이 평전이 나왔을 때 아쿠다가와상 후보로만 두 번 올라갔다가 낙선의 고배를 마시고 '나오키상'을 받은 다치하라 세이슈의 평전을 '아쿠다가와(芥川)상' 수상자 다카이 유이치가 썼다고 해서 화제가 되었다고 한다. 이 평전으로 그는 '마이니치(每日) 예술상'을 받았다. 역자 오석윤 선생도 '옮긴이의 말'에서 말하고 있듯이, 다카이와 같은 "지우(知友)를 가졌던 것은 다치하라 세이슈의 행복이라" 해야 할 것이다. 복 많은 사람일진저!

또 하나, 역자는 "언젠가 일본의 가마쿠라(鎌倉)를 방문할 기회가 생긴다면, 그의 영령이 잠들어 있는 서천사(瑞泉寺)에 찾아가 그의 묘소 앞에 한국어로 출판된 이 책을 놓고 싶다"고 하였다. 언젠가 물었는데 오 선생은 아직 그

바람을 이루지 못했다고 한다. 나 역시 지난겨울 가마쿠라에 갔었지만 서천사는 가보지 못했다. 다음에 가마쿠라를 가게 되면 서천사만이 아니라 유족을 찾아보고 싶다. 우리나라에서 그동안 나왔던, 그러나 품절되어버린 두 책은 아마도 번역 출판 당시에 저작권자의 허락을 얻지 못했을 가능성이 높은 것으로 생각된다. 당시만 해도 저작권법이 적용 안 되었을 것이라 변명할 수 있지만, 문화의 생산자는 법 이전의 양식에 터 잡아야 하는 것 아닐까. 돈의 문제를 떠나서, 지금이라도 그러한 사실이 있었다는 것 자체는 이미 이 땅에 없는 다치하라나 그 유족에게 알려야 할 일이 아닐까. 내가 좋아하는 작가에 대한 예의일 것이다. 또 지난겨울 가마쿠라문학관을 방문했을 때, 이미 두 번에 걸쳐서 '다치하라 세이슈전'이 열렸음을 알게 되었다. 당시 팸플릿을 구해 오기도 했다. 이 가마쿠라 박물관과 다치하라의 유족들에게 우리나라에서 출판된 그의 『겨울의 유산』과 다카이의 평전을 복사라도 해서 전하고 싶다.

마지막으로 바람이 있다면, 이제 '주석'으로만이 아니라 '원전' 그 자체가 독자들에게 읽힐 수 있도록 다시 한 번 우리말로 번역 출판되었으면 하는 것이다. 뜻있는 출판사의 투자가 이루어지길 기도한다. 언젠가는 가능하지 않을까.

(2007년 7월 15일)

다치하라 세이슈를 만나다

●●●서천사 다치하라 묘를 찾아

소설 속 요코스카선을 타다

아이 이삿짐을 옮겨 주느라 도쿄를 간 김에, 가마쿠라를 들르기로 했다(2008.2.20~21). 오자키에서 즈시로 가는 쇼난 신쥬쿠(湘南新宿) 라인을 타고 가다가, 오후나에서 요코스카(橫須賀)선으로 갈아탔다. JR패스를 준비하여 갔으므로 다시 요금을 낼 필요는 없었다.

오후나에서 요코스카선으로 바꾸어 타면, 바로 그 다음 역이 기타가마쿠라(北鎌倉)다. 정취 있는 작은 역으로, 다치하라 세이슈의 소설 『겨울의 유산』 제3부 '건각사(建覺寺) 산문 앞'의 도입부를 연상시킨다.

> 산문 앞은 요코스카선이 달리고 있었고, 기타가마쿠라 역이 가까웠다. 내가 임신한 아내를 데리고 산문 앞의 어느 집 사랑채를 빌려서 옮겨 온 것은 지난 해 8월이었다.(…) 내가 건각사의 산문 앞으로 옮겨 온 것은 이 절이 임제종(臨濟宗)의 절이었기 때문이었다. 무량사에 비하면 규모는 삼분의 일도 되지 않았지만 선사(禪寺)다운 그 간결한 모습이 내 마음을 끌었던 것이었다. 이 절을 처음 찾은 것은 1941년의

봄이었다. 그때 승방의 문에 걸려 있던 '제창벽암록건각사승당(提唱碧巖錄建覺寺僧堂)'의 문자가 쓰여 있는 두꺼운 판자를 보고, 그곳 '제창벽암록무량사개산조당'의 석비가 자연히 겹쳐져 왔던 것이었다. 받아들일 수 있는 세계다, 하는 안도감이 있었다. 돌아갈 곳을 본 것이었다. 그때부터 나는 이 절의 근처에서 살고 싶다는 생각이 들게 되었다.(김형숙 역, 『구름꽃』, 166쪽)

기타가마쿠라 역을 바로 지나서, 요코스카선이 달리는 방향으로 왼편에 소설 속의 겐카쿠지, 아니 현실 속의 엔카쿠지(圓覺寺)가 자리하고 있다. 겐가쿠지라는 이름은, 바로 이웃하고 있는 임제종의 대찰 겐쵸지(建長寺)와 엔카쿠지에서 각기 한 글자를 빌려오지 않았나 싶다.

주인공은 이 겐가쿠지의 거사림에서 선승 세키링(碩林)을 만난다. 기실, 소설 밖의 엔카쿠지 거사림은 작가 나츠메 소세키, '교토학파'를 탄생시킨 철학자 니시다 기타로, 그리고 선(禪)을 서구세계에 소개한 스즈키 다이세츠가 공안을 들고 앉았던 곳이다. 지금도 어김없이, 누군가 좌복 위에서 공안과 씨름하고 있을 것이다. 이러한 상념들이 내 마음속을 지나가는 동안, 요코스카선은 가마쿠라 역에 우리를 내려놓는다.

새벽같이 교토를 출발하여 도쿄를 거쳐서 가마쿠라까지 온 몸은 휴식을 원한다. 하세(長谷) 유스호스텔은 언제 들러도 편안한 느낌이다. 작년에 왔던 '각설이'를 알아봐 주는 주인아주머니의 친절과 맛있는 저녁에 심신이 풀어진다. 일찍 잠자리에 든다.

다치하라 세이슈의 정토, 서천사

이번 행보에서 꼭 가보고 싶은 곳이 즈이센지(瑞泉寺)다. 하세 역에서 에노덴(江ノ電)을 타고서 가마쿠라 역으로 갔다. 즈이센지로 가는 버스는 가마쿠라 역이 기점이기 때문이다. 대탑궁(大塔宮=鎌倉宮)행 버스를 타고 가서 종점에서 내리면 된다. 대탑궁은 메이지 시대 이후에 지어진 유일한 사사(寺社)라고 한다. 가마쿠라의 모든 신사나 사원 중의 막내인 셈이다. 그러니까 가마쿠라에 있는 100여 개의 사찰들은 모두 다 메이지시대 이전, 즉 에도시대에는 이미 있었다는 것이다. 어떤 절이든 다 역사의 현장이라는 이야기다.

대탑궁에서 동쪽으로 난 골목길(이정표가 잘되어 있어서 길 찾기는 어렵지 않다)을 따라서 10여 분 걸었다. 버스나 택시는 다닐 수 없는 오솔길이다. 여기에 다치하라 세이슈가 영면하고 있다는 정보는 오석윤 선생 번역의 『한국인 다치하라 세이슈』(원제: 立原正秋) '옮긴이의 말'을 통해서 얻었다.

> 언젠가 일본의 가마쿠라를 방문할 기회가 생긴다면, 그의 영령이 잠들어 있는 서천사(瑞泉寺)에 찾아가 그의 묘소 앞

에 한국어로 출판된 이 책을 놓고 싶다. 그리하여 건강하게 불타올랐던 그의 문학적 열정으로 이 한국어 역서를 읽어 주신다면…. 그런 상상만으로도 나는 더할 수 없는 흥분을 감출 길 없다.

어찌 내 마음이 오 선생의 마음과 다르겠는가마는 아쉽게도 작년 겨울에 혼자 와서 가마쿠라를 한가롭게 거닐 때는 몰랐던 터라 찾지 못했다. 나의 이번 참배에는 오 선생의 마음도 함께한 '동행2인(同行二人: 시고쿠에서 구카이/空海 스님의 유적지를 순례하는 사람들이 '구카이 스님과 함께 가는 길'이라는 의미에서 이렇게 말한다)'의 걸음이었다.

즈이센지 매표소에서 표를 사면서, 표를 파는 할아버지에게 여쭈어 보았다.

"작가 다치하라 세이슈의 묘소가 이 절에 있는지요?"

"예, 그렇습니다만, 인연이 없는 분들은 참배가 안 됩니다."

"아, 예, 우린 한국에서 일부러 왔는데…."

애원이 간절해 보였던 것일까, 진정성이 통한 것일까, 잠시 후 넌지시 일러 준다. "그럼, 개인적으로 하시면…."

그러니까, 절에 통지하지 말고 '슬쩍' 들렀다 가라는 뜻일 게다. 고맙다는 인사를 하고 묘원(墓苑)을 찾아갔다.

이 즈이센지라는 절은 참 그 지형이 특이하다. 마치 '은행잎' 모양이라 할까. 매표소를 지나서 조금 걷다가, 두 갈래로 길이 나뉜다. 왼쪽으로 가면 묘원, 오른쪽으로 가면 절이다(나중에 보니, 절에서도 작은 쪽문을 통해서 묘원으로 갈 수 있게 되어 있었다). 매표소에서 산을 향해서 볼 때, 마치 '은행잎의 왼쪽'인 묘원이나 '오른쪽 잎'인 절은 둘 다 가려져 있는 듯하다.

이렇게 은밀하게 숨어 있는 묘원, 그리고 즈이센지…. 다치하라는 그가 나중에 잠들 곳이라 알았던(혹은 점지했던) 것일까? 소설 속에서 다음과 같이 묘사하고 있다. 「꽃의 생명(花のいのち)」의 한 부분인데, 거칠게나마 번역해 보기로 한다.

> 가마쿠라에서 자라면서, 즈이센지에 간 것은 손안에 꼽을 정도다. 마지막으로 즈이센지에 간 것이 柚木의 집에 갔던 여름의 끝머리였는데, 아버지와 함께 가회(歌會)에 출석했을 때였다. 좁고 긴 오솔길 입구에 산문(山門)이 있고, 산문을 들어서면 한 갈래 길이 저쪽으로 나 있고, 길 양편으로는 오래된 매화나무가 줄지어 서 있다. 길이 끝나는 곳은 산길로 통하는데, 소나무 숲속에 볼품없는 돌계단이 있다. 돌계단을 다 오른 곳에, 북쪽으로 산을 등지고 절이 있었다. 산문으로부터 오솔길을 거쳐서 경내를 올려다보는 풍경(風景)이랄까, 경내로부터 오솔길을 거쳐서 산문을 내려다보는 점경(點景)이랄까, 그곳에 발을 들여놓은 자는 마치 정토(淨土)에 온 것 같은 환상에 드는 조화를 발견하게 된다. 장대한 칠당가람(七堂伽藍 : 선종에서는 불전, 법당, 삼문/三門, 고원/庫院, 승당, 욕실, 동사/東司/화장실을 갖춘 사찰을 일컫는다. - 옮긴이)과는 인연이 멀지만 마치 고요한 정토가 현세에 현현되는 느낌을 주는 절이었다.

묘원에는 천 기(基)는 족히 넘을 비석들이 빼곡하다. 수많은 영가(靈駕)들의 이름 속에서, '立原家'는 쉽게 찾을 수가 없다.

혹시 '立原家' 묘비가 있다고 하더라도, 같은 성씨가 어디 없겠는가? 슬며시 걱정이 스쳐 지나간다. 묘원의 오른편을 살펴보던 아내가 안 보인다. 슬며시 겁이 나서 찾아보는데, 산과 면해 있는 묘원의 제일 끝자락 골짜기 위쪽에서 아내가 손짓한다. 찾았는가 보다.

'立原家之墓'

작은 영석(影石)과 오륜탑(五輪塔: 일본불교의 독특한 부도양식)이 나란히 서 있다. 다치하라 세이슈의 묘임이 틀림없다. 작년(2007)에 가족들이 새로 세운 '판오륜탑(板五輪塔: 길쭉한 판대기에 오륜탑의 모양을 만들고 망자의 계명을 써서 왕생을 기원한다)'이 눈에 들어온다.

'凌宵院梵海禪文居士'

아, 범해선문! 자전적 소설인 『겨울의 유산』 속 주인공의 법명이 바로 범해선문이 아니었던가.

아내와 나는 합장을 하고 예를 올렸다. 그리고서는 당신의 작품 『겨울의 유산(冬のかたみに)』이 한국어로 두 번이나 번역되었다는 사실, 그리고 평생의 문우(文友)였던 다카이 유이치가 쓴 평전이 우리말로 번역되어 있다는 것 등을 보고하였다. 그리고 다시 『겨울의 유산』이 새롭게 번역될 수 있도록 노력하겠다는 약속도 하였다. 그때까지 계속해서

다치하라 세이슈 당신과 『겨울의 유산』을 이야기하겠노라고.

다치하라의 소설이 우리나라에서 두 번이나 번역되었다는 사실을 그가 몰랐던 것은 당연했을 것이지만, 그 유족은 알고 있었을까? 저작권법과 같은 법적 차원을 떠나서, 마땅히 유족을 통해 저승에서라도 그가 알아야 하지 않을까. 이 부분에 대해서 나는 어떤 정보도 갖고 있지 못하지만, 혹시라도 그렇지 못했다면 매우 미안한 일이 아닌가 싶다.

나 역시 이번 걸음에, 번역된 그의 소설이나 그에 대한 평전의 사본을 갖고 오지 못한 것이 미안하다. 사실, 이번 걸음은 '아들 이사 도우미'의 자격이어서, 가마쿠라에 오게 될 줄은 몰랐다. 아무런 준비도 못했다. 급하게 이삿짐만 챙기느라 카메라조차 가지고 오지 않았다. 아내의 일본 핸드폰으로 사진을 찍는다. 핸드폰은 안 되어도, 사진은 찍을 수 있다니 다행이다.

"여보, 우리 글을 써 놓고 갑시다."

아내의 제언이다. 나는 구두로 보고한 내용을 일본어로 썼는데, 아내는 무엇이라 썼는지 보여 주질 않는다. 그녀도 『겨울의 유산』 애독자이니, 각별한 마음이 없지 않을 것이다. 아침에, 하세 유스호스텔의 주인아주머니가 선물로 준 분홍매화를 수놓은 하얀 수공예품으로 우리들의 편지를 싸서 묘석 밑에 놓아두고 합장하였다. 다시 찾아뵙겠다, 말하였다.

오석윤 선생이 "그런 지우(知友)를 가졌던 것은 다치하라 세이슈의 행복이라"했던, 평전의 작가 다카이 유이치(髙井有一, 1932~ . 아쿠다가와상 수상 작가)는 이 묘원에서 다치하라의 묘가 놓여 있는 위치와 관련하여 다음과 같이 말하고 있다.

> 기일(忌日)이 아닌데도 묘석은 아직도 싱그러운 물에 젖어 있었고, 꽃병에는 노란 국화가 장식되어 있었으며, 묘소 참배객들의 끊이지 않는 발길이 눈에 들어왔다. 양지바른 묘 앞에 서니 골짜기 일대에 드문드문 들어서는 많은 묘들을 볼 수 있다. 다치하라 세이슈의 성격에서 생각한다면, 그 주위를 흘겨보고 있다고 표현하는 것이 어울릴지도 모르겠다는 생각을 하며 나 혼자서 피식 웃었다.(『한국사람 다치하라 세이슈』, 305쪽)

"꽃절"(花の寺)로 유명한 즈이센지를 둘러보고, 돌계단을 내려오는 왼편에 죽림(竹林)이 있다.

"저 대나무들의 꼿꼿하고 푸른 모습이 딱 다치하라 닮았어요. 딱이에요."

"철환형 성격을 닮지 않았나요? 나는 그렇게 생각되는데…."

즈이센지 오솔길을 다시 내려오면서, 올 여름 제6차 일본불교사 강좌기행 때 여기를 다시 올 수 있을까 헤아려 본다. 이내 고개를 가로 젓는다. 나야 좋겠지만, 가마쿠라

궁에서 여기까지, 무더운 여름날 땀을 흘리면서 찾아오는 일에 동의하고 좋아할 동참자들이 어디 계시겠는가? 자신이 없어서이다.

작가는 이야기로 사는 사람

교토로 돌아와서 도서관에서 『다치하라 세이슈』라는 제목의 책을 만났다. 거기에는 우리나라에도 소설이 많이 번역되어서 읽히고 있는 요시모토 바나나(吉本バナナ)의 글이 있었다.

자기의 문학에 가장 큰 영향을 미친 작가가 바로 다치하라 세이슈라고 하는 점, 작가가 독자를 선별할 수는 없으나 그런 점을 간파해 주는 독자가 더욱 살갑게 느껴진다는 점 등을 말하고 있었다. 그러면서 다치하라의 유족들과의 인연도 말하고 있었는데, 『겨울의 유산』에서 '축하할 만한 날'이라는 시를 얻게 해 준 아들(立原 潮)이 도쿄에서 요리가(料理家)로서 '懷石 立原'를 열고 있다는 사실도 알게 되었다. 역시 '미식가'로 성가가 높았던 다치하라의 자제답다 해야 할까.

"하긴, 우리도 인연이 없는 것은 아니지. 독자니까."

인연이 없는 사람들의 참배는 사절한다는 원칙을 말한 매표소 할아버지의 말에 대한 나의 뒤늦은 대답이었다. 그에 대한 우리들의 이야기가 이어지는 한, 그의 선소설(禪小

說)『겨울의 유산』이 읽혀지는 한, 작가 다치하라 세이슈는 살아 있는 셈이 아니겠는가. 작가는 이야기로 사는 사람이므로, 살아남는 사람이므로.

(2008년 3월 16일)

선(禪)의 길, 화엄의 길

● ● ● 〈아제아제바라아제〉
(임권택, 한국, 1989)

어머니 찾기, 부처 찾기

영화 〈아제아제바라아제〉(임권택 감독)와 〈화엄경〉(장선우 감독)을 보았다. 영화는 그런대로 좋은 편이고, 소설은 좀 그렇다. 〈아제아제바라아제〉가 〈화엄경〉의 메시지를 담고 있었다. 거기에는 우리의 삶과 현실이 있었다. 내가 〈아제아제바라아제〉에 대한 글을 쓴다면 제목은 '선(禪)의 길, 화엄의 길'이라 할 것이다. 〈화엄경〉에 대한 나의 비평적 관점을 정리해 본다.

1) 우선 '경전→소설→영화'에서 영화가 소설에 너무 구속된 것은 아닐까? 소설 『화엄경』을 읽지 않아서 모르겠다. 그런데 그런 의혹이 왜 생기는가?

2) 선재(善財) 역은 왜 오태경으로 계속 가는가? 이런은 나중에 아역에서 김혜선으로 바뀌는데, 자라지 않은 오태경과 어떻게 두 번의 sex를 하는가? 동심의 순수를 표상하기 위해서인지는 모르겠으나, 점점 나이가 들고 자라면서

도 변하지 않는 동심을 그리려면 배역은 바뀌어야 했을 것이다.

3) 해운이 소개한 혜경, 평등을 주장하다 40년이나 감옥에 갇힌 그의 평등은 사회적 의미의 평등이어야 한다. 그런데 『바가바드기타』적 평등, 즉 정신적 평등을 말하다니….

4) 등대지기 노인을 빼고서는, 왜 선재의 선우(=善知識)는 한결같이 일탈된 존재들뿐인가? 모범생들은 화엄의 스승이 될 수 없다는 말인가? 그렇다면, 그것 역시 화엄사상은 아니다.

5) 꼭 통시적 서술방식이어야 했는가? '어제→오늘→내일' 식으로 시보(추보)적으로 전개되는 영화는 대개 지루하다. 아역 선재와 성인 선재의 교체 출연을 통해서 회상 방식을 도입하는 입체적 구성이었으면 어땠을까?

6) 이혜영의 추락 scene: 그 허술한 마네킹의 추락장면이라니…. 보기 민망했다. 해도 너무했다!

전체적으로 주제를 '부처되기'로 설정하고, 그것을 '어머니 찾기'로 은유했다면 이를 철저하게 끌고 갔어야 했을 것이다. 또 '소'의 상징을 왜 그렇게밖에 이용하지 못하나? '소'가 본래의 자기를 상징한다는 선적(禪的) 의미

를 몰랐을까? 실제, 오늘날 선재와 같은 아이가 있는가. 영화일 수밖에 없는 이야기를 하고 있는 영화는 '나쁜 영화'가 아닐까.

허구는 실제와 하나인 것도 아니고 다른 것도 아니어야 한다. 의상(義相, 625~702) 스님은 "시로 말하는 까닭은 허구에 입각하여 진실을 나타내기 위해서이다"(所以詩, 卽虛現實故)고 했는데, 그 '입각하여'라는 말은 같은 것도 아니고 다른 것도 아니라는 말이다. 이는 불교미학의 대원칙이다.

(1996년 12월 18일)

제자에 대한 스승의 사랑

한승원의 소설 『아제아제바라아제』(삼성출판사, 1985)를 읽다. 영화에서 보지 못한 것 하나가 내 가슴을 친다. 바로 '은선 스님과 순녀(청화)'의 관계이다. 스승과 제자! 스승의 제자에 대한 사랑, 스승에 대한 제자의 구심력과 원심력 등. 이 관계망(關係網)이 '진성 스님-청화 스님'의 관계와 중첩되어 있다. 스승의 믿음을 저버린 사람만이 느낄 수 있는 것인지도 모르겠다.

스승은 아버지와 같고, 스승은 어머니와 같다. 군사부일체(君師父一體)는 시대착오지만, 사부일체(師父一體)·사모일체(師母一體)는 시대적 요청이다. 그러나 현대에 이르러 다중(多衆)교육인 학교교육에서는 그 같은 모습을 찾기 힘들게 되었는지도 모르겠다. 오늘날 교육현장에서 교사/교수와 관련하여 일어나는 모든 문제는 '교사/교수-학생'의 관계가 '부모-자식'의 관계와 다르기 때문에 일어나는 것이라고 나는 생각한다. 결코 다를 수 없으며, 달라서도 안 된다. 다르지 않을 수 없지 않은가? 학생들 수가 얼마인지 생각해 보라고? 그러니까, 교육개혁의 핵심과 본질은 교사/교수 1인당 담당학생수를 줄여 주는 데서 찾아야 한다. 인격교육도, 지식교육도 모두 가능하기 위해서는 그 길밖에 없다.

그래도 아직 사부일체(師父一體)·사모일체(師母一體)의 아름다움이 남아 있는 곳이 절집안이다. 그 중에서도 『아제아제바라아제』에서 그런 것처럼, 비구니 스님들에게서 더욱 진하게 남아 있다. 아시는 분은 아시겠지만, 나는 제자를 끝없이 신뢰하고 자비를 베풀어 주시는 분을 스승으로 모시게 되었다. 아마도 내가 받은 가장 큰 복이리라. 내게 베풀어 주신 은사 스님의 자비는 이루 다 말할 수 없는데, 소설 『아제아제바라아제』는 내게 그러한 은혜를 다시 한 번 되새기도록 일깨워 주었다. 스님께 송구스런 마음이 새삼 더하였다.

(1996년 12월 28일)

2
깨침이냐, 권력이냐

권력, 인간의 마지막 욕망

● ● ● 〈파계〉
(김기영, 한국, 1974)

김기영 감독, 〈파계〉를 보다(1997. 2. 6, 동숭아트센타).

23년 만의 외출. 김기영(金綺泳, 1922~1998) 감독의 〈파계〉가 그 외출의 주인공이다. 이 영화는 1974년생. 그때 나는 중학교 3학년이었다. 물론 부처님도 정식으로 알지 못하던 시절이었으니, 어떻게 〈파계〉를 볼 수 있었겠는가. 이런 영화가 있다는 사실을 알고, 읽기까지 23년의 세월이 걸린 셈이다. 동숭 씨네마텍과 씨네 21 공동주최로 '97 한국영화 회고전'의 초대작으로 동숭 씨네마텍에서 상영되었다. 그러나 23년에 걸친 소외가 결코 죽음일 수는 없음을 〈파계〉는 보여 준다.

법통이냐, 본래면목이냐

〈파계〉는 낯설다. 그야말로 '안개 모퉁이'다. 제목만 보면, 욕망과 계율의 대립구조를 취하는 '파계 모티브'의 작품으로 지레짐작하기 쉽다. 그러나 김기영 감독의 이 영화는 그렇지 않다. 물론 침해(枕海)와 묘혼(妙昏)의 파계 이야기가 있다(침해와 묘혼의 이름을 잘못 쓰는 사례가 많다. 원작과 시나리오에서 확인해 보니, '침해'와 '묘혼'이 맞다). 그러나 거기에 속아서 특별한 의미를 부여하게 되면 뒤죽박죽, '잘못 만든 삼각형 퍼즐'(이효인, 『씨네 21』88호, p.16)로 오해하기 쉽다.

불교는 이름을 거짓이라 말한다. 가명(假名)이므로, 우리는 그 이름에 속을 수 없다. 일단 침해와 묘혼의 파계를 괄호 속에 넣게 되면, 이내 〈파계〉는 계(戒)에 관한 영화가 아님을 알게 된다. 〈파계〉는 정(定)과 혜(慧)에 관한 영화, 바로 선(禪)을 문제 삼고 있는 영화다. "〈파계〉는 선불교를 다룬 영화다"(『씨네 21』85호., p.28)라는 김기영 감독의 말대로.

선은 우리가 본래 갖추고 있는 얼굴, 즉 본래면목(本來面目)을 드러내는 길이다. 그렇게 본래면목을 겉으로 드러내는 수행법이다. 이 본래면목 찾기에는 어떠한 군더더기도 용납되지 않는다. 그 자리는 지식이나 언어조차 발붙일 수 없다. 그런데 참으로 역설적이지만, 선불교만큼 많은 창조적 언어를 생산한 불교 종파가 있을까? 저 방대한 어록(語錄)의 숲을 생각해 보라. 그뿐인가. 선불교에는 또 옷이 있고 발우가 있다. 법을 전하는 신표로서의 의발(衣鉢)을 주고받음으로써 선사들 사이의 계보가 성립되는데, 이를 법통(法統)이라 한다. 선불교는 이 같은 법통을 귀히 여기고 있다. 오늘날에도 태고법통설(太古法統說)이니 보조법통설(普照法統說)이니 하면서 자종(自宗)·자파(自派)의 정통성을 널리 주장하고 있지 않은가.

애초에 법통은 본래면목을 얻은 사람들의 계보였지만, 점차 법통을 '얻는' 것과 본래면목을 '드러내는'(본래면목은 '얻는' 것이 아니다) 일이 서로 다른 일이 되고 만다. 그것이 곧 인간 세상의 일이고, 말폐(末弊)의 모습이리라. 법통과 본래면목이 서로 길을 달리하는 자리에서 김기영 감독의 〈파계〉가 태어난다. 〈파계〉는 본래면목의 길(영화 속에서는 '無'로 나타내고 있다)에 나선 사람들보다는 법통의 길에 나선 사람들을 주로 보여 준다. 무불(無佛) 스님 정도가 본래면목의 길을 대표한다고 볼 수 있는데, 그가 차지하는 비중은 너무나 미미하다.

서산사(西山寺)의 선승(禪僧)들은 조실 법연(法然) 스님의 입적을 전후하여, 그의 법통을 잇고자 '올깎이'와 '늦깎이'로 나누어져서 대립한다. 법통이 뭐길래! 그렇다. 법연 스님 스스로, "난 법통을 차지하기 위해 무(無)를 깨닫지 못했으니 껍데기 불(佛)만 핥은 셈이다"고 뉘우치지만, 법통의식(法統意識)에서 해방되지 못한다. 그 점은 법연 스님의 시봉(侍奉) 침해 역시 마찬가지다. "법통이 불교의 전부가 아닌 것을 알고도 왜 집착한단 말이냐"고 스승 법연 스님을 비판하면서도, 법통에 대한 강한 집착을 보여 준다.

 법통 싸움의 1라운드는 무불 스님이 거두어들인 전쟁고아 출신 '올깎이'의 대표 침해와 '늦깎이'의 대표 경원(鏡圓) 스님 사이에서 벌어진다. 처음에 제출된 문제는 단식(斷食) 오래 하기. 그런데 함께 설탕물을 마심으로써 단식을 통한 싸움이 무승부로 끝나고 만다. 그러자, 법연 스님은 여자를 시험문제로 내민다. 저 유명한 노파 소암(老婆燒庵)의 화두를 제시한 것이다. 여승들의 암자인 소원암에서 묘혼이 불려온다. 묘혼은 법연 스님의 요청으로 기꺼이 전라(全裸)의 모습을 보이고…, 침해 역시 전라의 모습을 연출한다.
 이에 법연 스님은 올깎이로 여자를 모르는 침해를 법통의 싸움에서 제외시킨다. 이후 침해와 묘혼은 함께 계를 깨뜨리게 된다. 이들의 파계에 대해, "법연 스님이 그들의 사랑을 간파하고 파계시킨다"(김수영, 『영화연구』 11집, p.39)는 식으로 해석하는 것은 너무나 범속(凡俗)한 이해라 아니 할 수 없다. 〈파계〉는 파계로 해석하지 않는다. '큰 가르

침'(주지의 해석)으로, 또 '너무 어려운 화두'(침해의 해석)로 이해하고 있는 것이다. 실제, 침해의 파계가 단지 파계로 끝났는지, 아니면 법연 스님의 의도대로 본래면목으로 귀일(歸一)하는 계기가 되었는지는 알 수 없다.

하여튼, 법연 스님은 침해를 통해서 가식(假飾)에 찬 법통의 길을 걸어온 자신의 삶을 참회하고 싶었던 것 같다. 동시에 우리에게 희미하고 떨리는 목소리로 말하는 것만 같다. "법통의 길이 아니라 본래면목의 길을 가라."

법통싸움의 2라운드는 침해 대신 그의 길벗인 도심(度心) 행자와 경원 스님의 대결로 이어진다. 이 싸움은 올깎이들의 대표, "나는 법통이 싫다"고 다짐했던 도심 행자의 승리로 귀결된다.

> 경원: "저 나무에 불성이 있느냐, 없느냐?"
> 도심: "내가 저 나무를 흔들어 불성을 쫓을 테니 똑똑히 보시오."

경원은 도심 앞에 무릎을 꿇는다. 도심의 승리는 가장 법통을 싫어했던 자의 승리, '인간 냄새(도심에 대한 법연 스님의 꾸중)의 승리', '법에 집착하는 자'(경원은 선승이라기보다 율승의 이미지로 그려진다)에 대한 '밥에 집착하는 자'의 승리, 유식(有識)에 대한 '무식(無識)의 승리'라고 볼 수 있다. 〈파계〉는 '파산(破産)'이 아니라 파격(破格)이다. 선불교는 본래 파격의 미학(美學)이 아니던가. 그런데 나의 불만 역시 이 부분에 있다. 김기영은, 왜 어느 한쪽의 승리로 영화를 끝내고 있는 것일까? 왜 "법통은 밥통이다"고, 선언하지 못하는 것일까? 법통에 대한 집착 역시 허망하다는 사실을 보여 주어야 하는 것 아닐까? 이는 나의 욕심이고, 본래면목과 법통의 대립구조를 취하고 있지 않으므로 불가능했을 수도 있겠다. 어쩌면, 〈파계〉를 통한 김기영 감독의 전언(傳言)은 다른 데 있는지도 모른다. 내 생각은 이렇다. 늦깎이와 올깎이의 대립, 노소(老少)를 막론하고 모든 '승(僧)'들이 갖고 있었던 법통에 대한 강력한 소유욕(프롬식으로 말하면, 법통은 존재가 아니라 소유다)을 그로테스크하게 보여 줌으로써, 〈파계〉는 법통 추구의 본질이 바로 권력에의 의지이며, 권력에의 욕망임을 말하고 있는 것이다.

무위: "법통이란 권력이다."
경원: "모든 것은 정치야."

1974년, 김기영은 인간이 권력의 동물임을 증언한다. '권력에의 의지'를 말한 니체와 같이, 또 권력은 정치에만 있는 것이 아니라 어디에도 있음을 지적한 푸코와 같이.

인간, 권력에의 욕망

이리하여, 〈파계〉는 불교영화이면서도 불교영화일 수만은 없는 보편성을 띠게 된다. 오히려 김기영 감독의 관심은 인간의 내면에 그 같은 권력에의 의지, 권력에의 욕망이 자리하고 있음을 드러내 보이고자 했던 것으로 나는 본다. 이 권력에의 욕망이라는 '원초적 본능'은, 불교에서 말하는 오욕(五慾) 중에서 명예욕과 가장 많은 공집합(共集合)을 갖는 것이리라. 권력과 명예, 이들 두 가지 욕망의 근저에는 한가지로 '자아의식'이 자리하고 있다. 『금강경』에서 말하는 아상(我相=我想)이 그렇게 깊이 뿌리내리고 있는 것이다. 수행자들조차, 어느 정도 경지에 오른 선승들조차 권력에의 욕망을 갖고 있음을 보여 주고 있으니 말이다. 뿌리 깊은 욕망이여, 뿌리 깊은 번뇌여!

〈파계〉는 고증을 철저히 외면하고 있다. 리얼리티는 문제 삼지 않는 것이다. 그런 점에서, 김기영 감독의 심리주의(혹은 표현주의)적 성격이 약여(躍如)하게 드러난다. 〈파계〉를 불교계 현실에 대한 비판으로 읽을 수 없게 하는 것도 그 같은 그의 특성 때문이리라. 이 영화는 고은(高銀)의 중편소설 『파계』를 원작으로 한다. 그러나 김기영 감독 스스로 각색하였는데, 사실 각색이라 할 수도 없다. 좀 심하게 말하면 주인공의 이름과 제목만을 빌려왔을 뿐이라 말할 수도 있기 때문이다. 그만큼 원작을 비틀어서, 원작과 달리 새롭게 만들어진 영화다(내 생각에는 고은의 원작보다는 『육조단경』의 영향을 생각할 수 있을 것 같다. 신수와 혜능의 법통 싸움, 혜능의 법통에 대한 혜명의 도전, 신수에 대한 혜능의 승리 등). 하여튼, 인간의 내면세계에 대한 김기영 감독의 이해는 매우 놀랍다.

그런데 정지영 감독은 고은의 『파계』를 원작으로 다시 〈산산이 부서진 이름이여〉(1991)를 만들었다. 정지영 감독은 또 어떻게 변주(變奏)하고 있을까? 유감스럽게도, 전혀 변주는 없었다. 이야기할 아무것도 없다.

(『대중불교』 1997년 3월)

사랑 이야기,
혹은 권력으로부터의 자유?

● ● ● 〈연인〉
(장예모, 중국, 2004)

　장예모 감독의 〈연인〉은 영상의 아름다움이라는 점에서 찬사를 드릴 말이 따로 없다고 할 것입니다. '색채의 마술사', '색채의 미술관' 등의 평가가 부족할 정도이지요. 정말 그림 같습니다.
　분명 영화 속의 단풍 숲이나 대나무 밭 등의 장면은 실제 중국(극중 금성무가 말을 타고 장쯔이에게 꽃을 꺾어다 주는 장면이 나오는 들판과 색색의 아름다운 단풍 숲은 우크라이나에서 촬영했다고 합니다)의 어느 곳에 있는/있었던 것이지만, 그것이 실재(實)로서 느껴지지 않고 그림(虛幻)으로 느껴집니다. 예술이 실이며 실재는 허(虛)가 될 수 있음을 느끼게/알게 됩니다. 미술이나 영상의 아름다움(이 하나만을 위해서도 볼 만하다는 데 이의를 달 수 없습니다)만으로 평가한다면 "별 다섯 개가 부족하다"고 생각합니다.

사랑의 복잡성

하지만 저는 이렇게 봅니다. 극의 전개와 결말을 이야기라는 측면에서 생각한다면 별 다섯 개가 부족한 것이 아니라 별 다섯 개는 무리가 아닌가 합니다. 여기서 그 이야기를 한번 횡설수설하려고 합니다.

자, 3은 어떻게 나눌 수 있을까요? 인간/연인관계의 3은 흔히 삼각관계라고 합니다. 사랑이야기에 있어서 고전적인 구조는 삼각관계이지요. 그것은 1과 2로 나누어져야 합니다. [3=1+2에 있어서 더하기는 사실은 나누기입니다.]

여주인공 '샤오 메이'(장쯔이 분)를 정점으로 그 밑변에 진(금성무 분)과 리우(유덕화 분)가 있습니다. 처음에 소외되는 1은 샤오 메이입니다. 진과 리우는 샤오 메이를 내사하기로 합니다. 아마도 반란조직 비도문(飛刀門)의 조직원으로 생각되기 때문입니다. 잡혀 온 샤오 메이, 그때나 지금이나 정치권력에 대한 반체제인사의 운명은 마찬가지입니다. 절체절명의 위기, 복면한 무사가 나타나 샤오 메이를 탈옥시킵니다. 그의 복면이 벗겨지고, 바로 관병의 신분인 진임이 밝혀집니다.

순간 우리는 이제 삼각관계의 변화된 조합을 목격하게 됩니다. 진과 샤오 메이가 한편에 놓이면서, 그 대척점에 리우 혼자 남게 됩니다. 뒤에 있을 것으로 생각되는 추격대로부터 샤오 메이와 진은 도망쳐야 합니다.

사실, 여기까지 이야기는 평범합니다. 누구나 예상할 수 있지요. 그 뒤의 스토리 전개를 예상해 보는 순간, 반전이 일어납니다. 알고 보니, 리우와 진이 서로 짜고 한 일입니다. 샤오 메이를 탈옥시켜서 비도문 본거지로 향하게 하고, 신임 방주/문주(두목이라고 번역하고 있으나, 이는 무림의 언어가 아니지요)의 정체를 파악하려는 계략이었던 것입니다.

다시 삼각형은 리우와 진이 한편이 되고, 그 대척점에 샤오 메이 혼자 남게 됩니다. 아, 가련한(샤오 메이는 앞을 보지 못하는 척합니다) 샤오 메이의 운명은 어떻게 될까요? 우리 모두 그 점을 걱정하게 됩니다. 여기까지가 끝이 아닐까, 생각했는데 또 한 번의 반전, 아니 장예모가 숨겨 놓은 매복은 더 있습니다.

알고 보니, 리우와 샤오 메이 모두 '비도문'의 조직원이었던 것입니다. 리우와 샤오 메이의 조합이 이루어지고, 이제 우리가 걱정해야 할 운명은 진이 됩니다. 함정에 빠진 진은 어떻게 될 것인가? 이쯤 되면, 〈연인〉의 원제가 〈십면매복〉(十面埋伏)이었다는 점이 이해됩니다. 그 매복은 감독이 관객에게 파 놓은 함정이기도 한 것입니다.

이렇게 리우와 샤오 메이, 그리고 진으로 삼각관계는 분리되는 것일까? 그렇지 않지요. 왜 그럴까요? 이 삼각형 조합의 변화/변전에는 사랑이라는 인간의 감정이 개재되기 때문입니다. 진이 샤오 메이를 구합니다. 이 행위는 자기 목숨을 걸고 하는 행위입니다. 자기 조직을 배신하고서, 직무를 유기하고, 직장을 이탈하면서 행하는 일이기 때문입니다. 거기에는 진의 감정이 있지요. 계속적인 탈주를 도와주면서 더욱더 샤오 메이에게 끌리는 진의 마음. 그러면서도 그는 아직 자기 조직에 대해서 충성을 다합니다. 샤오 메이 모르게 리우를 만나서, 앞으로의 대책을 상의하기도 하고…. 샤오 메이는 그러한 진에게 마음을 확인하고자 시도합니다. 진심인가? 아직 자기 조직/권력을 결별하지 못한 진은 '바람'이라고 말합니다. 당연히 여자로서는 결별을 요구합니다. 샤오 메이를 떠난 진은 자기 갈 길을 가고…, 관병은 샤오 메이를 덮쳐 옵니다. 죽림의 전투가 행해지는데, 혼자 버티는 것도 한계가 있을 때쯤, 말머리를 돌려서 달려오는 진. 관병의 추격을 물리친 뒤 그들이 나누는 대

화:

> 샤오 메이: "돌아오지 말았어야 했어요."
> 진: "돌아왔어야 했소. 당신을 위해."

이제 진은 상당히 마음을 정리하고, 샤오 메이를 '진심'으로 사랑하게 된 것으로 보입니다. 결정적으로 비도문의 신임 방주(가 아니라, 그렇게 보이지요)에게서 샤오 메이와의 결혼을 제의받고서, 진은 마음을 정하지요. 결혼하기로 말입니다. 그때, 천정에서 내려온 올가미가 진을 사로잡습니다.

관병의 조직원이라는 사실을 알게 된 비도문에서 진을 처형하기로 합니다. 물론, 이때쯤 우리는 리우와 샤오 메이가 사랑하던 사이라는 것도 알게 됩니다. 하여튼, 진의 처형은 샤오 메이의 임무로 주어집니다. 자, 어떻게 할 것인가? 진이 가다가 다시 돌아왔던 것처럼, 처음에는 연극이었으되 나중에는 진심으로 조직을 저버리고 샤오 메이를 선택했던 것처럼, 샤오 메이 역시 선택해야 합니다. 사랑은 님을 위하여 자기를 희생할 위험을 무릅쓰는 것이지요. 포승을 풀어주고, 가라고 합니다. "같이 가자", 말하는 진(이전의 장면인 것 같습니다만, 리우는 샤오 메이를 3년 만에 만나서 사랑을 확인하려고 하지만, 이미 샤오 메이의 마음은 진에게 가 있는 것을 알게 됩니다. 그런 두 사람의 정드는 장면을 보아야 했던 리우, 그도 역시 괴로웠겠지요). 그러나 샤오 메이는 떠나지 않고 진은 혼자 떠납니다. 그러나 다시 돌아오고….

바람 속에 묻어 있는 자유의 냄새

제가 시나리오에 대하여 별 다섯을 부여하지 못하는 이유는 여기에 있습니다. 다시 돌아오는 진과 리우가 결투를 한다는 점, 가을부터 겨울까지 결투하는 것은 그렇다 쳐도, 그때 칼 맞은 샤오 메이가 죽지도 않고 있다는 점은 리얼리티를 떨어뜨리고 코미디로 만들기에 족하지요. 그 결투는 무용(無用)할 뿐만 아니라 주제를 왜곡하지요. 연인이 사랑이야기라고 한다면, 삼각형의 조합이 리우, 그리고 진+샤오 메이로 분할되는 것은 리우가 진의 마음을 확인한 것으로 충분하다는 점입니다. 다시 리우가 등장하여 되돌아온 진과 결투를 하고 무술의 승자인 진이 샤오 메이와 결합한다는 것은 의미 없다는 점입니다. 그것은 두 사람의 사랑의 완성과는 무관한 결말이지요.

저 같으면, 리우가 샤오 메이의 마음을 확인하는 것으로 리우는 퇴장하고…. 혼자 떠났던 진이 돌아오면 샤오 메이와 함께 길을 나서도록 할 것 같습니다. 이때, 진이 말한 것처럼 관병이든 비도문이든 권력추구의 입장에 놓이게 되고, 그들은 '장기판의 졸'에 지나지 않는 소모품입니다. 지배의 권력만이 아니라 지배에 저항하는 권력 역시 권력의 속성을 그대로 보이게 됩니다. 리우는 그러한 권력 관계 안에서 샤오 메이와 사랑을 누리고자 합니다. 권력과 사랑을 모두 다 누리고자 합니다. 그러나 진은 드디어 바람 속에 묻어 있는 자유의 냄새를 맡습니다.

왜 샤오 메이는 진을 사랑할까요? 리우의 질문에 샤오 메이는 '자유'라고 대답합니다. 여기서, 이 영화는 정치학적 차원이 있음을 알게 됩니다. 권력의 추구보다 도가적 자유의 추구라고 하는 점이 또 한 겹 겹칩니다. 그것은 김용(金庸) 소설 『소오강호』(笑傲江湖)의 세계입니다. 만약 진과 샤오 메이가 함께 무림이나 관병의 대립세계를 떠나서 바람처럼 떠돌이 무사로서 살아가고 사랑하게 된다면, 〈연인〉은 사랑 이야기와 함께 권력으로부터의 탈피라는 이중적 의미를 절묘하게 중첩시킬 수 있었을 것입니다. 혹시 아직 장예모가 작업하고 있는 중국의 현실이 이러한 정치적 함의를 용납하지 못하는 것일까요?

〈연인〉에서 보여 주는 사랑은 사랑하는 님을 위하여 자기 위험을 무릅쓰는 데 있습니다. 우리는 그런 사랑을 잘하지 못하지/못했지요. 그래서 영화 속에서나마, 환상 속에서나마 그 완성을 보고 싶어 하는 것 아닐까요. 처음은 어떻든 진은 막판에는 사랑을 위하여 의무를 저버리고, 관병 노릇을 내팽개칩니다. 그런 까닭에 샤오 메이의 진에 대한 사랑도 그러한 대립관계가 설정되는 중에서 이루어져야 합

니다. 다시 돌아온 진과 함께, 머뭇거리던 샤오 메이는 떠나고…. 배신자 샤오 메이를 처단하기 위하여 이내 뒤따라온 비도문의 비도(飛刀)에 의해서 샤오 메이가 다치고…. 죽을지 살지 알 수 없지만, 그들 두 사람이 포옹하는 모습 속에서 영화가 끝나야 하는 것 아닐까요. 그러자면, 비도문의 본거지에 소리 없이 다가가는 관병들 모습이 없었어야 하는 것 아닐까요.

 저는 이렇게 봅니다. 따라서 리우와 진의 결투신이 시작되면서 웃음이 나왔습니다. 그것은 코미디인데, 이 장엄한 사랑 이야기에 웬 코미디가 필요하겠습니까. 그래서 시나리오에 대해서는 별 다섯을 줄 수 없다는 것입니다. 그래서 전체적으로도 다섯 개를 못 주겠다는 생각입니다. 그래서 못내 아쉽습니다. 그 아쉬움이 이 글을 쓰게 합니다. 이 글을 통하여, 저는 제 방식대로 〈연인〉의 결말을 고쳐 읽어 보는 것입니다.

(2005년 1월 24일)

법을 인정에 팔지 말라

● ● ● 〈허준〉
(이병훈, MBC, 1999~2000)

왜 나는 최완규 극본, 이병훈 연출의 〈허준〉을 보았던 가? 〈허준〉의 무엇이 나를 붙잡았던 것일까?

우선, 이 드라마의 대립 구도는 기본적으로 '허준 : 유도지'의 대립이다. 그 중앙의 정점(頂點)에 유의태가 있다. 허준-유의태-유도지는 삼각형을 그린다. 좌우의 각을 책임진 허준과 유도지의 대립은, 과연 누가 유의태의 법(=의술)을 계승할 수 있는가, 하는 일종의 법통(法統)싸움의 성격이 짙다. 허준과 유도지의 싸움 마당은 법의 마당(dharmakṣetra)이다. 그런데 『바가바드기타』에서와 마찬가지로, 〈허준〉역시 '다르마/법의 마당' 밑에는 '피/혈연의 마당'이 혼재/착종되어 있다. 유의태와 유도지는 유친(有親)해야 할 부자지간인 것이다. 더욱이 당시는 유교사회였던 조선시대가 아닌가. 유교는 家를 중시하는 이데올로기이므로, 이 싸움은 쉽게 승부가 가려질 것으로 예상된다. '유의태→유도지'로, 의술/신의(神醫)의 맥은 이어지리라.

그러나 중인의 신분인 유의태는 재야(在野)의 입장에서

재여(在與)의 가치관인 유교적 부자유친보다는 "법을 인정에 팔지 말라"는 선가(禪家)의 가치에 더욱 철저하다(그의 친구로 유가의 선비는 등장하지 않지만, 시종 불가의 醫僧 삼적 대사가 등장하고 있다). 비록 아들이지만 그릇/법기(法器)가 아님을 간파한 그는 의술의 모든 것을 허준에게 전한다. 그의 주검까지도(여기서 그의 훈도는 가혹하다. 이러한 가풍을 지니고 있는 스승이 오늘에도 있을까?). 경쟁관계에 놓인 유도지나 그의 후견인 어머니가 어찌 이 같은 유의태의 가치관/세계를 이해할 수 있겠는가. 그들이 부자와 부부의 의리를 끊게 되었음은 너무나 당연하리라. 이는 바로 유의태의 허준 낙점이 인문사(人門事)가 아니라 법문사(法門事)이고, 유교적이 아니라 불교적/선적임을 웅변하는 일에 다름 아니다. 가문에서 소외되는 유의태! 그는 큰 사람이었다. 오늘 우리의 그릇이 대개 유도지 모자를 넘지 못하는 세태에서, 이는 충격이 아닐 수 없다. [이러한 삼각형의 대립 구조에 중첩시킨 또 하나의 삼각형, '허준-예진-유도지'의 관계는 드라마적 재미를 위해서이기도 하지만, 허준에게 아내 다희 아씨가 존재한다는 점에서 한계가 있고, 그런 연유로 첫 번째 삼각형의 대립 구조를 대신할 수 있는 위상은 아니다. 범상한 시청자들은 이 두 번째의 삼각형에 눈을 빼앗겨서 첫 번째 삼각형을 보지 못할지도 모른다.]

여기까지가 〈허준〉의 전반부이다. 나로서는 이러한 '법 중심의 맥'을 형성한 유의태→허준 사제의 사부일체(師父一體) 역시 전통적 사제관계의 현재적(드라마에서나마) 복원이었다는 점에서 평가할 만한 것이었다. 오늘 우리에게 그런 스승이 드물고, 그런 제자가 드물지만 그런 인간관계는 분명 그리워해야 할 꿈의 세계(dharmakṣetra)임이 분명하기 때문이다.

다음, 유의태 사후 〈허준〉의 대립 구조는 여전히 '허준:유도지'이지만 이제 유의태가 사라진 뒤라 전과는 다르다. 목적의 획득, 즉 유의태의 의술이라는 목적의 획득유무가 문제는 아니다. 이제 문제는 방법이다. 공통의 목적, '어의'라는 최고의 의사직에 도달하고 그것을 완수할 수 있는 방법의 대립이다(목적을 놓고 대립한 면이 전혀 없는 것은 아니지만 그 방법의 대립보다는 크게 보이지 않는다). 유도지가 정치적 계산과 처신이라는 방법을 취하고 있다면, 허준은 "의원은 환자를 보지 않고 환자의 병만 본다"고 하는 대도무문(大道無門)을 지킨다. '정치:탈정치'의 대립이다. 과연 어떻게 될 것인가? 정치적 차원에서 약자일 수밖에 없는, 힘없는 샐러리맨이나 서민들의 눈을 붙들어 맸던 요소가 사실 여기에 있다. 〈허준〉은 탈정치의 승리를 보여 준다는 점에서, 그들의 환호를 받았다(유도지가 개과천선해서 허준을 돕기 시작하면서는 사실상 後日談이다). 나 역시 그런 점에서 〈허준〉에게 붙잡혀 있었던 셈인데, 막판에 선조 사후 광해군 즉위 과정에서 '탈정치' 역시 하나의 '정치'일 수밖에 없음을 우리는 씁쓸히 확인할 수 있었다. 현실은 탈정치를 용납하지 않을 정도로 정치적이어서일까?

이러한 두 가지 주제는 내 삶에 있어서나, 철학에 있어서나 핵심적 화두이다. 과연 우리는 어떻게 살아야 하는가? 그 같은 질문을 〈허준〉은 심각하게 되묻고 있었다.

권력의 무서움에 대한
섬뜩한 알레고리

●●●「작은 왕국」
(谷崎潤一郞)

『바가바드기타』 강의 시간에 권력의 문제를 이야기했더니, 국문과에서 편입해온 송현종 군이 일본의 작가 다니자키 준이치로(谷崎潤一郞, 1886~1965)의 단편소설 중에도 권력의 문제를 다룬 것이 있다면서, 복사해서 가져왔다. 무슨 세계문학전집 중 '일본편'의 하나로 번역된 것으로 보이는데, 부주의하게도 그 출전을 물어보지 못하였다. 다행히 번역자는 류근주(柳根周)임이 앞부분에 명기되어 있다.

가이지마 쇼오키치(貝島昌吉)는 소학교 선생님이다. 일곱이나 되는 아이를 낳고, 노모를 모시고 살고 있기에 늘 가난에 쪼들린다. 생활비를 줄이려고 토쿄에서 G현 M시에 있는 D소학교로 전근을 자청해 간다. 5학년 담임을 맡는데, 새로 전학 온 누마쿠라 쇼오키치(沼昌庄吉)는 얼마 지나지 않아서 아이들 사이에 대장이 된다. 가이지마 선생은 자연 누마쿠라를 주의 깊게 지켜보게 되는데, 어느 날 사건은 '수신(修身)' 시간에 일어난다. 가이지마는 "보통 때보다는 힘을 주어서 유창하게 이야기를 계속하고 있을 때, 그때까지 조용했던 교실 구석 쪽에서 누군가가 소곤거리는 말소리"에 신경이 거슬린다. 가이지마는 참고, 강의를 계속하려 하지만 "소곤거리는 말소리는 점점 노골적으로 커져서 나중에는 누마쿠라가 아무 거리낌 없이 지껄이"는 지경에 이른다. 참다못한 가이지마 선생은 누마쿠라를 지목하여 주의를 주려고 하지만, 누마쿠라는 자신이 소곤거린 것이 아니라며 강력히 부인한다. 오히려 노타에게 책임을 전가한다.

그런데 놀라운 것은 노타를 비롯한 아이들의 태도이다. 노타는 물론이고 여러 명의 아이들이 자리에서 일어나서 자신들이 벌을 받겠다고 나선 것이다. 아이들은 모두 "주인을 위하여 신명을 바치는 종과도 같은, 용기와 각오로 충만 되어 있는 태도"였다. 영화 〈죽은 시인의 사회〉의 마지막 부분에 나오는 장면을, 아이들은 선생님을 위해서가 아니라 그들 중의 권력자를 위해서 연출하고 있는 것이다. 기꺼이 그들이 대신 고통을 짊어지면서…. 누마쿠라는 자기에 대한 아이들의 충성심을 시험해 본 것이다.

누마쿠라의 이 같은 힘은, 잘하면 학급을 일사불란하게 경영하는 데 도움을 줄 수도 있는 것 아닐까? 가이지마 선생은 그렇게 생각한다. 어느 날 누마쿠라를 불러서 격려한 것도 그런 이유에서다. 이러한 일은 누마쿠라의 권력을 선생의 권위가 보증해 주는 대가를 치르게 하는 것이다. 마침내, 누마쿠라의 권력은 하나하나 체제정비를 하게 된다. 동급생들의 명부를 만들어서 행동을 통제하고, 그 행동통제를 위한 감시체제로서 비밀탐정을 두며, 권력에 대한 충성을 더욱 강화할 훈장 역시 만들어 낸다. 마침내는 지폐까지. 가짜 돈을 만들어서, 아이들은 서로의 실물(實物)을 사고판다. 가짜 지폐는 누마쿠라에 대한 충성의 대가로서 하사받게 되고….

지폐 제조의 사실은 가이지마 선생의 아들 게이타로 덕분에 알려진다. 너무나 가난한 가이지마네 집에서는 게이타로에게 용돈을 주지 못하는데도, 게이타로는 여러 가지 물건을 가지고 온다. 추궁 결과, 아이들 세계의 화폐경제를 가이지마 선생이 알게 되는 것이다. 권력과 금력의 친연성(親緣性)을 아이들이 깨닫고 있었던 것일까? 아이들의 지폐는 가짜임에도 그 세계에서는 엄연히 효용을 갖는 데 반하여, 가이지마 선생의 현실은 너무나 궁핍하다. "아직 2, 3일 분은 남아 있을 것이라고 생각했던 우유가 한 방울도 남아 있지 않았다." 가난, 그것은 권력 앞에서 사람을 이다지 전락시킬 수 있는 것일까.

급기야, "어떠냐, 누마쿠라, 어디 이 선생도 너희들의 장난에 끼워주겠니? 너희들의 시장에서는 무엇을 팔고 있는지, 선생에게도 지폐를 나눠 주고 함께 놀자꾸나"라고 말한다. 우유 한 통이 필요한 그는 현실의 가게에서 우유를 손에 집으며, "누마쿠라가 나누어 준 지폐를 손에 들"다가, 꿈에서 깨어나 현실로 돌아온다. "아냐, 이것을 지폐라고 말하는 것은 농담이야. 그렇지만 만일을 위해서 받아 두시오. 이제 30일이 되면 이것을 현금 천 엔으로 바꾸어 드릴 테니까…." 점원에게 하는 말이다.

권력의 무서움은 그 권력의 법칙이 지배하는 질서 밖에 있는 사람에게조차 자칫 그 법칙에 따르게 할 수 있을 만큼 위협적이라는 섬뜩한 메시지를 주고 있다. 작가 이문열이 「작은 왕국」을 읽었는지는 알 수 없지만, 「작은 왕국」을 읽으면서 내내 이문열의 「우리들의 일그러진 영웅」이

겹쳐 떠올랐다. 「우리들의 일그러진 영웅」에서는 교사가 아이들의 권력 세계를 해체하는 역할을 하지만, 「작은 왕국」에서는 아이들의 권력 세계를 해체하지 못한다. 오히려 그 속으로 항복해 들어간다. 그런 점에서 권력의 무서움을 보여 주는 데에 「작은 왕국」이 더욱더 철저했던 것으로 나는 평가하고 싶다. 두 작품 공히 아이들의 권력관계가 노출되는 교실이라는 공간이 바로 우리 어른들의 현실공간에 대한 알레고리(allegory, 類比)라고 한다면, 「작은 왕국」이 보

다 핍진(逼眞)한 것이 아닐까. 현실세계의 권력은 그 횡포를 제어할 수 있는 「우리들의 일그러진 영웅」의 교사와 같은 존재를 쉽게 만날 수 없기 때문이다.

🎥 「우리들의 일그러진 영웅」에 대한 불만 중 하나는 엄석대의 후일담이다. 건달노릇이나 하다가 경찰에게 붙들려 가는 뒷모습은 우리의 현대사를 생각할 때 별 설득력도 없을 뿐더러, 이 작품의 현실에 대한 알레고리적 성격을 더욱 약화시키는 것으로 판단되기 때문이다. 오히려 성인이 되어서도 여전히 권력자의 모습을 띠고 나타나야 하는 것은 아닐까. 한병태의 심리적 변화가 아니라 엄석대를 중심으로 한 권력의 차원에서 본다면, 그렇게 볼 수도 있는 것 아닐까?

3
꿈, 사랑, 그리고 생명

山門, 생명의 고향

● ● ●「山門」
(최인호, 조선일보사, 1993)

우리가 사는 이 사회는 도대체 어디로 가고 있는가? 이 사회의 흐름에 불교는 어떠한 처방을 제시할 수 있는가? 불교가 오늘의 우리 사회를 위하여 역설해야 할 가르침은 무엇인가? 최인호의 소설「山門」(『아름다운 얼굴』, 조선일보사, 1993)을 읽으면서 나는 그 해답을 얻을 수 있었다.

'생명'

「山門」은 불교가 우리 이웃들에게 촉구하고 환기시켜야 할 첫 번째 덕목이 바로 생명의 존중과 사랑이라 말한다. 생명의 존중과 사랑, 그것은 부처님의 계율 중에서 제일계(第一戒)인 불살생의 가르침을 말하는 것이 아닌가. 그렇다. 지금이야말로 살아 숨 쉬고 있는 모든 존재의 생명-불성(佛性)-을 온전히 꽃피울 수 있게 노력해야 할 때이다. 작가는「山門」을 통하여 그렇게 말하고 있는 것이다.

아름다운 소설, 아름다운 서정

최인호의「山門」은 한 젊은 스님과 여인의 이야기이다.

그것도 장마철의 습한 기운이 그 배경이 되고 있다. 처음, 얼마 읽지 않아서 뇌리에는 유주현의 「탈고 안 될 전설」이 얼른 지나갔다. 그러나 이 소설은 그 같은 불교 소재 소설들이 흔히 범하기 쉬운 도식적 구성에 떨어지지 않는다. 산문과 세속의 대립을 다루면서도 욕망과 금욕의 대립 구조를 취하지 않고 있다는 점에서 분명 새로운 불교소설이라 할 수 있을 것이다. 물론 「山門」에도 출세간과 세간[세속]의 대립이 있긴 하다. 그러나 그 같은 대립은 생명에 대한 가치의 대립이지 여느 소설과 같은 사건의 대립은 아니다.

바로 그러한 이유에서 「山門」은 아름다운 소설이 된다. 욕망과 금욕의 대립 구조를 취하지 않으므로 사건의 전개가 급하게 이루어지지 않는다. 소설의 초반은 산사의 풍경과 그 속에서 여유롭게 살고 있는 세 인물들―법운 스님, 부목 김씨, 할머니―의 다사로운 정(情)만이 묘사된다. 작가가 묘사하는 세계는 우리 고향이다. 「山門」의 도입부를 읽으며 향수를 느끼는 것은 나만의 일일까? 아마 아닐 것이다. 파괴되지 않은 자연, 부서지지 않은 인정은 이제는 쉽사리 되살리기 어려운 우리 모두의 잃어버린 고향일 것이다.

그런데 이 같은 서정적 묘사가 단순히 이야기의 배경으로서만 작용하는 것은 아니다. 묘사는 묘사대로 이야기를 통해서 전하고자 하는 메시지와 상응하도록 꾸며져 있다.

그러니까 서정적 묘사와 서사적 전개의 두 갈래가 서로 어우러지는 구조로 「山門」은 구성되어 있다. 그 단적인 예는 복선으로 깔려 있는 '새 이야기'에서 볼 수 있다. 도입부에서 작가는 어미 새를 끌어들이고 있다.

> 처마 밑에 제비 둥지가 만들어져 있었다. 밀짚으로 만든 제비집이었는데, 그 집 안에는 어미 새 한 마리가 꼼짝없이 알을 품고 앉아 있었다.

소설의 결말 부분에서 다시 '새 이야기'는 한 번 더 등장한다. 사건과 이야기는 이미 완결된 뒤이지만, 「山門」은 이내 끝나지 않는다. 복선으로 깔린 '새 이야기'가 제 모습을 드러내면서 메시지를 다시 한 번 상징적으로 보강하고 있는 것이다.

> 새끼가 태어났다. 어미 제비가 마침내 다섯 마리의 새끼 모두를 알에서 부화시켰다. 다섯 개의 알 중 한 마리의 새끼도 잃지 않고 모두 다 탄생되었다.

천도재, 살림과 화해의 축제

청화사(淸華寺).

법운 스님이 머무르고 있는 서울 근교 말사(末寺)의 한적한 암자이다. 한 여인이 청화사를 찾아와 법운 스님을 만난다. 겉으로 드러난 「山門」의 주인공은 이 두 사람이다. 그러나 이 소설의 등장인물은 두 사람, 아니 두 생명이 더 있다. 심층을 들여다보면 이 드러나지 않는 두 생명의 역할이 중요하게 부각된다. 한 생명은 이 여인의 사랑스런 아이로 태어날 뻔했다가 햇빛을 보지 못하고 죽임을 당했던 태아, 잉태된 지 넉 달 된 태아이다. 비록 제 이름을 가지지 못한 태아일지라도, 불교에서는 생명으로 본다. 또 한 사람은 법운 스님의 어머니이다. 법운 스님을 낳았으되, 비구니 스님들만 사는 절 법당에 내버린 채 떠나 버린 어머니. 이름도 얼굴도 모르는 어머니.

한 여인 vs 태아, 어머니 vs 법운 스님.

이들은 서로 죽인 자 vs 죽임을 당한 자, 혹은 생명을 방기한 자 vs 방기된 자의 관계이다. 이들 관계 속에는 한(恨)이 개재되지 않을 수 없었을 것이다. 얼마 전 강호(江湖)를 어지럽힌 마도(魔徒)들 역시 버린 자(어머니 혹은 아버지)에 대한 복수로써 불특정 다수에 대한 죽임을 자행하지 않았던가. 복수, 그것이야 말로 인간이라는 동물의 가장 원초적인 파괴본능일 것이다. 그러면서도 그것은 새로운 죽임을 낳는 윤회의 사슬이 아니던가. 그러므로 원한을 원한으로 갚지 않는 한풀이(解怨, 報怨行)가 모색되어야 한다. 어떻게 해야 할까?

출생의 비밀을 알게 된 법운 스님은 산문을 떠난다. 법당 안의 부처님이 어머니라는 비구니 노스님의 말씀에도 불구하고 산문을 떠나 도시로 간다. '서울'에 복수하러. 여기서 산문과 도시의 대립이 엿보인다. 생명과 죽음의 대립이다. TV드라마 〈서울의 달〉에서 홍식이 복수를 꿈꾸고 기도하다가 그 스스로를 죽여 간 것처럼, 법운 스님 역시 스스로를 죽이고자 했다. 그러나 자살 시도 중 극적으로 회심(廻心), 다시 귀산(歸山)했던 아픈 과거가 법운 스님에게도 있었다. 그러니 죄와 한을 삭여 내는 의식이 있어야 한다.

 천도재(薦度齋). 불교의 천도재는 바로 그런 역할을 수행한다. 여인의 죽은 아이(태아)를 위한 법운 스님의 천도재는 바로 자신에 대한 천도재이기도 했다.

산문, 죽임과 살림의 가교

천도재를 올리기로 한 이튿날.

비가 억수같이 쏟아져 내리고 청화사에 이르는 다리가 끊어진다. 다리, 그것은 죽임의 도시와 살림의 산문을 이어주는 가교가 아니던가. 그런데 다리가 끊어진 것이다. "다리가 떠내려간다면 절로 들어오는 산문(山門)은 그대로 끊기게 될 것이다." 산문에 이르는 길은 화해에 이르는 길이다. 다리가 끊어진다면, 살리기(화해)의 축제인 천도재가 무산되고 말지 않겠는가. 위기다. 그러나 작가는 위기의 절정을 해소할 화해를 또다시 마련해 놓고 있다. 결자해지(結者解之)라던가. 죄의식에서 해방되고자 하는 여인은 다리가 끊어졌음에도 천도재를 포기하지 않는다. 멀리 등산로를 우회하면서 살림(生)의 산문을 기어이 찾아온다.

법운 스님은 무사히 천도재를 마칠 수 있었다. 이 천도재를 통해 법운 스님은 태아가 되었다. 그리고 이 여인은 법운 스님의 어머니가 된 것이다.

> 태어나지도 못하고 죽어버린 어린아이의 영가가 다름 아닌 자신임을 법운은 깨달았으며, 울고 있는 저 여인은 자신을 법당 안에 버리고 도망쳐 버린 어머니임을 깨달았다.

어머니와 아들이 천도재를 올리며 함께 원(怨)과 한(恨)을 풀어버리는 축제의 행위가 필요했으리라. 법운 스님은 하산하는 여인의 뒤를 향해서 나직이 불러 본다.

"어머니!"

 미국의 콜로라도에 입양된 우리네 아이들이 한데 모여 캠프를 여는 소식을 TV는 보여 준다. 김치를 먹으며, 아리랑을 부르고, 태극기를 그린다. 그러나 끝내 그들을 낳았으나 버렸던 어머니·아버지에 대한 감정을 어떻게 정리할 줄 몰라서 눈물을 훔치고야 만다. 그립기도 하고 원망스럽기도 하고…. 아직, 올려야 할 천도재가 많이 남아 있다는 생각이 든다. 소설에는 나오지 않으나, 여인의 간절한 소리 그 너머에는 지장(地藏)보살이 있다. 눈물 흘리는 이웃들이 없어질 때까지 지장보살은 눈물 흘리는 생명들을 찾아다닌다. 먼 나라의 장애아까지 입양하여 제 자식으로 키우는 미국 사람들, 그들이 꼭 지장보살이라는 생각이 스쳐 간다.
 「山門」은 어느 정도 해피엔딩인데, TV가 보여 주는 콜로라도의 캠프는 결코 해피엔딩이 아니다. 그래서 우울하다.

(『책 안의 불교, 책 밖의 불교』, 시공사, 1996)

이름 잃은 사람들의 욕망과 사랑

● ● ● 〈경마장 가는 길〉
(장선우, 한국, 1991)

어긋나는 사랑의 괴로움

장선우 감독의 〈경마장 가는 길〉을 다시 보다. 하일지 원작의 소설도 옛날에 읽었는데 지금은 다 잊어먹었다.

감상 1: 〈경마장 가는 길〉에 대한 내 일차적 관심은 주인공 남자는 R이고, 주인공 여자는 J라고 불리는 데 있었다. 왜 이들은 자기 이름으로 정당하게 불리지 못하는가?

영화의 말미에서 주인공 남자 R은 '출가(出家)'를 한다. 도시에서 멀리 떨어진 어느 지방에서 공중전화로 대구의 집으로 전화를 건다. 병환을 앓고 있는 아버지의 안부를 묻는다. 병세는 더 악화되어 있다는 대답을 듣는다. 그렇지만 그는 아버지가 있는 대구로 가지 않고 구멍가게에서 빵과 우유를 가방 가득 사서, 버스를 탄다. 공중전화와 구멍가게가 있는 곳보다 더 깊은 산중으로 들어가는 것이다. 그렇게 영화는 R의 '출가'를 암시하면서 끝난다. 여기서 내가 말하는 '출가'는 스님이 되는 행위를 의미하지 않음은 물론, 집착의 집을 떠났다는 의미로도 쓰이지 않는다. 그 이후에 R이 한 일은 그 집착의 세계에 대한 글쓰기일 것이므로(하기는 글쓰기에 의하여 집착을 떠날 수 있다면 그 역시 출가일 수도 있겠다). 씁쓰레한 것은 늘 불륜의 상황을 끝내는 것이 자연스럽지 않다는 것이다. 그럴 수밖에 없으리라. 배신과 폭력이 동반하는 파탄이다. R과 J는 그렇게 할 수밖에 없다. 그것이 중생의 세계이며, 애욕의 세계인 것이다.

영화의 마지막 장면은 출가한 R이 소설을 쓰는 것, 그가 예시한 방법 중에서 셋째 방법을 택하였음을 보여 주는 것으로 끝난다. 그 소설의 제목은 『경마장 가는 길』이다. 다시 말하면, 지금까지 우리가 본 영화 〈경마장 가는 길〉은 사실 R이 쓰게 될 『경마장 가는 길』의 인연담이라 할까, 서론이라 할까, 그런 것이다. 〈경마장 가는 길〉은 시작이 끝이고, 끝이 곧 시작이라는 윤회의 삶을 보여 준다. 그 내용이 어긋나는 괴로움의 순환이다. 그런 점에서 불교의 사성제(四聖諦)에 나오는 술어를 빌어서 말한다면, 〈경마장 가는 길〉은 고제(苦諦)와 집제(集諦), 즉 괴로움과 그 괴로움을 초래한 원인에 대한 이야기다. R과 J는 왜 그렇게 되었던 것일까? 그들은 왜 이름을 잃어버린 군상(群像)으로 스스로 소외되었던 것일까? 그들이 정직하지 않았기 때문이다. 무엇 앞에서? 학문 앞에서. 나는 학문이 인생의 제일가는 가치라고 생각하지는 않으나, 학문하는 자세는 "정직해야 한다"고 본다. 학문과 수행의 근본은 정직에 있다. 그런 점에서 논문을 쓸 수 있을 만큼 학문적 역량이 되지도 않는 J의 논문을 R이 대신 써 주고, J가 문학평론가로 데뷔할 수 있도록 비평을 대신 써 주었다는 사실 자체에서 J만이 아니라 R 역시 이름을 잃어버리는 과보를 받을 원인을 스스로 심은 것이다. 학위취득을

위한 통과의례인 논문 쓰기는 본인 스스로 해야 하는 것 아닌가. 본인 스스로 쓰지 않고 있다는 점 자체가 문제인 것이다.

또 학문과 사랑을 구별하지 않았기 때문이라 말할 수도 있다. 사랑하는 사이에 어떻게 그것을 칼같이 나눌 수 있단 말인가? 그렇긴 하다. 그렇지만, 그것은 반드시 구분되어야 한다. 누군가 "불교는 참 냉정하다"고 말하였다. 그렇다. 불교는 그런 경우에 사람/사랑(?)과 법/학문을 철저히 구분하여 전자를 버리고 후자만 보라고 말한다. 전자는 사람이고, 후자는 법이다. 『열반경』은 "법에 의지하며 사람에 의지하지 말라"고 말한다. 그런데 이것만큼 어려운 일은 세상에 없다. J가 늘 말하듯이, 한국에서는/한국인에게는 더욱 그럴지도 모른다. 그런데, 주인공들은 파리에서 그렇게 했다. 그렇게 했다는 점에서 그들의 근원적 잘못이

있지만, 그렇기 때문에 그들의 잘못에 돌을 던질 수는 없다. 나를 포함하여 대개는 그럴 수밖에 없기 때문이다. 아직도 나는 이 양자를 칼처럼 나누어서 행하는 사람을 별로 보지 못했기 때문이다. [아마도 그 몇 안 될 분 중에 울산대 철학과의 김진 교수가 있다. 그의 책 『살고 있는 순간의 어두움』(세종출판사, 1999), pp.196~225 참조.] 내가 선불교를 좋아하는 이유는, 선불교의 선사들은 그런 일을 할 만큼 '냉정하고, 잔인하고, 인정머리 없기' 때문이다.

그렇다면, 결국 〈경마장 가는 길〉은 여우 같은 J에게 R이 당한 이야기여서는 안 될 것 같다는 생각을 나는 했다.

감상 2: 파리에서 그들은 사람/사랑(?)과 법/학문을 구별하지 않았다. R과 J는 파리에서 하나가 될 수 있었다. 둘로 나누어야 할 일을 둘로 나누지 않았다. 둘이 둘 아닌 하나로 되는 것, 그것이 성(性)이다. 사랑은 성을 통하여 둘이 아니라 하나임을 확인한다. 파리라고 하는 이국의 도시에서는 익명성이 보장되었기 때문에, R과 J의 사랑이 가능했을 것이다. 그러나 "한국에서는 달랐다." J에게 파리가 쾌락원칙의 공간이라면, 한국은 현실원칙의 공간이다. 그러나 R은 그렇지 않다. 그럴 수 없다. R은 한국에 왔지만, 여전히 파리에서의 삶을 살고자 한다. 파리를 한국으로 가지고 오고 싶어 하는 것이다. 그러나 J는 한국에 오자마자 현실로 돌아온다. 약삭빠르게, 아니 현실적으로. R은 늘 불면(不眠)의 얼굴을 한다. 한 번이라도 J와의 성공적인/흔연한 관계맺음이 없는 한, 그의 불면은 해소될 수 없는 형편이다. 반면, J는 질질 동여맨/끝내 순조롭게는 풀리지 않는 그녀의 바지가 상징하는 것처럼 이제 그녀의 현실에서는 R을 받아들이고 싶지 않다. 다만, 그녀가 진 빚 때문에 끌려다니는 것이다.

할 수 없다. R은 이 땅을 다시 떠나기로 한다. J와 하나가 될 수 있었던 다른 나라로 떠나고자 한다. 물론, 필수적으로 J가 동반해야 한다. 이제 J로서는 결단을 내릴 때가 온 것이다. J는 따라가지 않는다. 왜? 그녀는 이미 현실을 선택했기 때문이다. 파국(破局)이다. 더 이상 두 사람의 관계는 계속될 수 없다. 파경(破鏡)! 마침내 타의적이나마 R은 현실로 돌아온다. 따라서 그의 출가는, J와는 또 다른 의미에서 '쾌락원칙에서 현실원칙으로의 출가'라 할 수 있다. 이러한 분석 역시 다소 J의 요망함을 변호해 주는 논리라 할 것이다. 애당초 J에게 사랑은 없었으며 R은 단지 이용 대상이 아니라고 하는 전제가 성립한다면 말이다(이 문제는 영화만으로는 판단하기 어렵게 되어 있다). J 말마따나 R에게는 일단 법적으로 아내가 있고, 이혼은 안 된 상태이다. 그렇다면, R은 무엇에 분노한 것일까? 분노할 수밖에 없었던 것일까?

완벽한 사랑에 이르는 길

동국대학교의 한국문학연구소에서 펴내는 『한국문학연구』 제20집(1998)에 〈경마장 가는 길〉에 대한 논문이 있어서 전철 타고 집에 오는 길에 읽어 보았다. 채명식, 「소설과 시나리오의 비교를 통한 '경마장 가는 길' 꼼꼼히 읽기」가 바로 그것.

문학평론가 채명식의 이 논문은 〈경마장 가는 길〉에 대한 매우 훌륭한 분석을 하고 있다. 앞서 나는 아마추어 관객으로서 나름의 감상을 정리해 보았지만, 정말 이 논문은 전공한 사람의 비평이 아마추어의 비평과 어떻게 다를 수 있는가를 잘 보여 준 것으로 생각된다. 내용 일변도의 분석이 아니라 소설/시나리오의 형식적 측면에 대한 분석을 통하여, 그러한 형식적 짜임새가 의미하는 것은 무엇이며, 그것이 다시 내용과는 어떻게 상응될 수 있는가 하는 점을 밝히고 있는 것이다. 〈경마장 가는 길〉에 관심 있는 독자는 이 글까지 찾아 읽기를 권한다.

그가 해독한 여러 가지 코드 중에서 제목에 대한 의미 해석만 여기서 소개하기로 하자. 대부분의 독자/관객이 궁금하게 여기고 있으며, 잘 파악되지 않기 때문이다. 글쓴이는 제목의 의미를 다음과 같이 해석한다.

〈경마장 가는 길〉에서 '길'은 공간이 아니라 방법이다. '경마장'이란, 프랑스에서 R과 J 사이에 벌어진 어떤 특수한 체

> 험이다. 따라서 〈경마장 가는 길〉이란 프랑스에서 있었다
> 는 어떤 특수한 체험을 반복하려는 R의 욕망이다.

이 정도만으로도 우리는 제목의 의미를 어느 정도 눈치챌 수 있게 된다. 그렇지만, 더 분명하게 그는 "'경마장'이 J를 극도의 성적 만족 상태로 이끄는 비법-R과 J의 비밀 섹스 코드"(p.246)였다고 밝힌다.

그런데 이 글은 내게 또 하나의 깨침을 주었다. 앞서 나의 감상에서 밝힌 것처럼, 나 같은 문외한의 보통 사람에게는 〈경마장 가는 길〉이 J에 대한 R의 보복으로 생각되는 측면이 있다. 채명식 평론가 역시 '보복'(p.234)이라는 점을 인정한다. 그러면서도 글의 마지막 결론 부분에 가서 현실적으로 변해버린 J에 대한 R의 판단이 지연된 이유가 "사랑이 아니었을까"(p.248) 생각하는 부분이다. 듣고 보니, "그렇다"고 동의할 수도 있을 것 같다.

사랑! 사랑? 그것은 얼마나 끈적끈적한 것인가? 끝난 뒤의 이야기 부분이지만, 산으로 들어가서『경마장 가는 길』을 쓰면서 R 스스로도 자기에 대해서 심한 모멸감을 느꼈을지도 모르겠다.

구름이 낀다고
하늘이 푸르지 않으랴

●●● 〈꿈〉
(배창호, 한국, 1990)

배창호 〈꿈〉을 보다. 좋았다.

꿈 밖에서 보자. 〈꿈〉은 탕자의 귀가 이야기가 아니다. 꿈을 깨는 순간, 법당 문을 밀치고 나오는 것에는 두 가지 의미가 있는 것으로 생각된다.

하나, '애욕(번뇌)-업-괴로움'의 과정이 모두 실제로는 꿈에 지나지 않는다는 점. 둘, '애욕(번뇌)-업-괴로움'의 과정을 거쳤으나 조신(調信)은 여전히 해맑은 얼굴의 모습 그대로였다는 점에서, 본래 청정한 불성(佛性)은 그대로라고 하는 점.

두 번째까지 보여 준다는 것이 중요하다.

다음, 액자 속으로, 꿈속으로 들어가서 보자. 조신은 결코 달래의 사랑을 얻지 못한다. 이유는 두 가지다.

하나, 애욕에 의한 겁탈이므로 심리적 공감을 얻지 못한다는 점. 둘, 신분의 차이다. 아이를 낳고 살 때까지 조신

은 달래를 '아씨'로 부른다. 결코 부부로서 한 몸이 되지 못한다. 그런 속에서, 어쩌면 당연한지도 모르겠지만, 달래는 외간 남자와 관계하게 되는 것이다.

조신은 이러한 관계의 극복과정에서 이제 극단적으로 폭력(성적, 행동적)의 행사로 나아간다. 아내와의 관계이지만 정상적 관계는 아니다. 끝내 달래는 떠나가고 만다. 이렇게 달래의 떠남에서 조신의 참회는 시작된다. 본성회복의 길이라 할 수 있을까?

마지막 장면은 푸른 하늘을 보여 주고, 다시 그 속의 흰 구름을 보여 준다. 이는 청정한 성품과 번뇌의 이중적 존재가 바로 우리 인간임을 보여 주고 있는 것이다.

『삼국유사』의 조신설화에 충실하다. 좋은 작품이다.

(1997년 1월 6일)

꿈과 현실의 문턱

● ● ● 『삼국유사』
(일연) 조신설화 외

'모든 것이 꿈'이라고 한다면, 그 역(逆)은 성립하지 않는가? 『반야심경』에서도 '색즉시공, 공즉시색'을 동시에 말하는 것 아닌가? 이는 꿈은 꿈만이 아니라 동시에 모든 것이 될 수도 있어야 하는 것 아닌가, 라는 질문이다. 그렇다. 그런데 왜 불교에서는 '꿈의 현실'을 되풀이 말하고 있는가? 이에 대한 해답을 『삼국유사』 제4권에 나오는 '낙산이대성 관음정취 조신'조의 조신(調信)의 꿈 이야기를 분석하면서, 다시 한 번 살피기로 하다.

'현실=꿈'에서 '꿈=현실'로

조신 스님은 사찰 농장의 관리소임(所任)을 맡고 있었다. 그런데 그는 태수 김흔(金昕)의 딸을 좋아하게 되었다. 스님의 신분임을 잊은 채 여러 번 낙산사의 관세음보살님께 나아가 빌었다. 그러나 그 여자에게는 이미 배필이 있었던 것이다. 그러자 조신은 관세음보살이 자기 원을 들어주지 않음을 원망하면서 날이 저물도록 슬피 울다가 그리움에 지쳐서 옷을 입은 채 그 자리에서 잠이 든다.

문득, 태수 김흔의 딸이 기쁜 얼굴로 나타나서는 반가이 웃으며 이렇게 말하는 것이 아닌가.

> 저는 일찍이 스님을 잠깐 보고 알게 되어 속으로 사랑하여 아직 잠시도 잊지 못했는데, 부모의 명령에 못 이겨 억지로 다른 사람에게 시집갔습니다. 그러나 이제 부부가 되고 싶어 왔습니다.

조신은 매우 기뻐하며 그의 고향으로 함께 환속(還俗)한다. 사십여 년을 같이 살며 다섯 자녀를 두었으나, 가난하였다. 집은 다만 벽뿐이요, 거친 끼니조차 잇지 못했다. 마침내 서로 이끌고 여기저기 다니면서 입에 풀칠하기에 급급하였다. 이렇게 십 년이나 초야(草野)에 두루 다니게 되니, 갈가리 찢어진 옷은 몸뚱이를 가리지도 못하는 형편이 되고 말았다. 명주(溟州)의 해현령(解縣嶺)을 지날 때, 15세 된 큰아들이 굶어 죽는다. 통곡하며 길가에 묻어 줄 수밖에 할 수 있는 일이 없었다. 나머지 네 자녀를 데리고 우곡현(羽曲縣)에 이르러 길가에 오두막을 짓고 살았다. 그들 부부는 이제 늙고 병들었으며, 또 굶주려서 일어나지도 못했다. 열 살 먹은 딸아이가 밥 얻으러 다니다가 마을의 개한테 물린다. 아픔을 부르짖으면서 옆에 와 눕자, 조신 내외도 목이 메어 눈물을 흘릴 수도 없었던 것이다.

이때, 부인이 눈물을 훔치면서 조신에게 헤어지기를 요구한다.

> 내가 처음 당신을 만났을 때는 얼굴도 아름답고 나이도 젊었으며, 의복도 많고 깨끗했습니다. 한 가지 음식이라도 당신과 나누어 먹었고… 아이들이 추위에 떨고 굶주려도 미처 돌보지 못하는데, 어느 틈에 부부의 사랑을 즐길 수 있겠습니까?… 당신은 나 때문에 괴로움을 받고 나는 당신 때문에 근심이 되니, 생각건대, 옛날의 기쁨은 바로 우환의 터전이었습니다.… 헤어지고 만나는 것은 운수가 있으니 제발 지금부터 헤어집시다.

조신 역시 이 말을 듣고 크게 기뻐하여 각기 아이 둘씩을 데리고 막 헤어져 길을 떠나려 할 때, 그만 꿈에서 깨어나게 된다.

이 조신설화의 구성이 『구운몽』이 갖고 있는 '꿈 이전→꿈→꿈 이후'와 같은 세밀하고도 교묘한 필연적 구성을 갖고 있지 못하다는 지적(정규복, 『구운몽 연구』, 고려대출판부, 1984, pp.256~257)도 있다. 그러나 조신설화는 나름대로 정연한 구성을 갖추고 있다고 보아야 할 것이다. 조신설화의 구성을 분석해 볼 때, 너무도 정연한 논리적 체계에 감탄하게 된다. ①갈구(渴求)→②세락(世樂)→③후고(後苦)→④각찰(覺察)의 과정으로 이루어져 있는 것이다.

조신이 김씨 낭자와 인연이 맺어지길 간절히 바라는 단계가 ①갈구이다. 그 다음의 ②세락은 "한 가지 음식이라도 당신과 나누어 먹었고, 얼마 안 되는 의복도 당신과 나누어 입으면서"라는 아내의 회고 속에서 확인된다. 물론, 이는 불교가 지향하는 출세간의 즐거움이 아니다. 아마도 이 부분의 간결성은 세락보다도 ③후고를 더욱 클로즈업시키려는 설화 작자의 의도 때문이었을 것이다. 후고는 그 아내의 입을 빌어서 매우 자세하게 묘사된다. 세락과 후고의 관계만 분석할 때, 이 조신설화는 업보윤회에 대한 경계라고 읽을 수도 있다.

그러나 조신설화에는 ④각찰이 있는 것이다. 각찰까지를 감안한다면, 조신설화를 단순히 업보윤회에 대한 경계로 읽기 보다는 불교의 현실관을 가르치려는 의도 아래에서 창작된 것으로 보는 것이 더욱 적절하다고 나는 생각한다. 아내의 '헤어지자'는 말에 조신이 기뻐했듯이, 조신설화는 세락이 영원하지 않으며(無常), 고통이며(苦), 그 속에서는 진정한 자기를 찾을 수 없다(無我)는 진리를 깨닫게 하는 것이다. 색이 곧 공이라는 사실을 체험적으로 인식케 한다. 이는 깨달음이다. 그런 까닭에, 나는 보조 스님의 『진심직설』(眞心直說)에서 '각찰'(깨달아 안다는 의미)이라는 용어를 빌려 온 것이다.

그러니까 조신의 꿈 이야기는 애당초 꿈 역시 현실이라는, 즉 가(假)에서 실(實)을 보는 단계까지 나아가지는 않는다. 불교의 공(空) 사상은 거기까지 나아간다. 『반야심경』에서도, 색즉시공만이 아니라 공즉시색을 함께 말하고 있는 것 아닌가. 그 두 가지를 동시에 바라보는 것을 공이라 하며 중(中)이라 말한다. 그렇게 '현실=꿈, 꿈=현실'을 동시적으로 인식하는 것이 올바른 관점(中道, 中觀)임에 틀림없다. 그런데 『삼국유사』의 조신설화는 왜 그렇게 말하지 않는가? 부처님의 가르침은 방편(方便)이다. 우리 중생들의 현실적인 삶에서 일어나는 모든 문제들이 '현실=꿈'임을 몰라서 생기는 것이지, '꿈=현실'임을 몰라서 생기는 것은 아니라고 보고 있다. '꿈=현실'이라는 인식은 반드시 먼저 '현실=꿈'의 단계를 거쳐야 하기 때문이다. 『반야심경』에서도 색즉시공을 먼저 말하고 공즉시색을 말하지 않던가. '꿈=현실'까지 말하는 이야기가 창작될 필요도 있을 것이다. 그러나 그 같은 이야기를 창작할 때라도 그 전제로서 '현실=꿈'이라는 사실을 충분히 말하지 않으면 안 된다.

(『법회』, 1985년 10월)

잃는 것만 꿈이 아니라 얻는 것도 꿈이다

권택영, 『영화와 소설 속의 욕망이론』(민음사, 1995)을 읽다. 라깡의 욕망이론에 입각하여 소설과 영화를 분석한 글이다. 그런 중에 '조신(調信)의 꿈→이광수의 『꿈』→배창호의 〈꿈〉'에 대한 단평(短評)이 있었다.

  얻을 수 없는 것에 절망하지 말며 얻은 것에 소중함을 느끼

는 것, 그것이 조신의 깨달음이고 〈꿈〉을 읽는 우리들의 깨
　달음이 아닐까.(p.255)

아니다. 불교는 그런 것이 아니다. 그렇다면, 얻은 것은 꿈이 아니라는 말인가? 얻은 것도 꿈이다.

그러면, 불교는 허무주의가 아닌가? 아니다. '모든 것이 꿈'이라는 사실을 받아들일 수 있을 때, 우리는 허무에 떨어지는 것이 아니라 비로소 자유를 만끽할 수 있게 된다. 흔히 불교에서는 '인생은 연극이다'고 말한다. 꿈이라는 말을 연극이라 바꾸어 말했다. 꿈속의 인생은 연극 속의 인생과 같다. 연극이므로, 어떤 역을 연기하더라도 그 배우는 실제 갈등과 고뇌를 겪는 것이 아니다. 겪는 것처럼 연기하는 것일 뿐이다. 비극의 주인공도 실제로는 비극의 주인공이 아니고, 희극의 주인공도 실제로는 희극의 주인공이 아니다. 오늘은 이 역할, 내일은 저 역할, 그렇게 연기할 뿐이다. 얼마나 자유로운가! 짧은 인생, 자유롭게 살라는 것이다. "사바세계를 무대로 멋지게 살아라"고 하신 경봉(鏡峰, 1892~1982) 스님의 말씀도 그런 취지에서이다.

시간과 사랑의 운명

● ● ● 『나 한야테』
(마야트레이 데비, 문이당, 1997)

이루지 못한 사랑

'부처님 오신 날'을 맞이하여 은사 스님 계신 파계사 대비암을 왕복하는 동안 기차 속에서 마야트레이 데비 지음, 임근동 옮김, 『나 한야테』를 읽다.

수십 년이 지난 뒤, 첫사랑의 행방을 알게 된다. 어떻게 처신해야 할까? 분명 수많은 상념이 몰려들 것이다. 어쩌면 잔잔하던 일상에 적지 않은 파문(波紋)을 몰고 올지도 모를 일이다. 범박하게 말하면, 『나 한야테』는 그런 이야기다. 그러나 이 이야기를 범상치 않게 만드는 것은 그들의 사랑 사이에 개재된 '시간과 사랑에 대한 철학' 덕분이었다.

42년의 긴 세월이 지났다. 아므리타는 누구보다도 관대하고 사랑하는 남편, 자녀들, 손자들이 있으며, 시인으로서의 사회적 위상마저 갖추고 있다. 그런 아므리타에게 첫사랑 미르체아의 존재는 적지 않은 파문을 던진다. 『나 한야테』는 이 파문 속에서 42년 전의 사랑 이야기와 42년 후의 심리적 상황을 교차시키면서, 사랑과 시간의 문제를 철학적으로 풀어낸 작품이다.

작가 마야트레이 데비의 자전소설인데, 그녀의 아버지는 『인도철학사』(A History of Indian Philosophy) 전5권의 저자 다스굽타(Das Gupta). 세계적인 학자이다. 루마니아에서 유학 온 청년 미르체아가 스승 다스굽타의 집에 내제자(內弟子)로 들어오면서 두 사람의 사랑은 싹튼다. 그러나 미르체아가 "다른 카스트의 청년일 뿐만 아니라 외국인이고 기독교도이기 때문"(p.90)에 이들의 사랑을 반대한 아버지로부터 파문(破門) 당하고, 쫓겨나게 된다. 비록 아버지는 "지식이 풍부하고 이해심이 있으며 심오한 학식을 겸비한 학자셨지만, 인간의 행복이나 불행이 성씨나 자티(jāti, 우리가 아는 카스트에 해당하는 개념이다 -인용자)와는 관계가 없다는 걸 이해하지 못"하는 분이었다. 미르체아는 상처를 다스리려고 히말라야 산속으로 찾아가 고행을 하다가 유럽으로 돌아가 세계적인 인도학자가 되는데, 못다 이룬 사랑을 그린 『벵갈의 밤』을 쓰기도 했다. [짐작컨대, '미르체아 유클리드'는 '멀치아 엘리아데'인 것 같다. 루마니아 출신의 세계적 인도학자이며 『요가』(고려원, 1993)의 저자라고 하므로.] 그들이 헤어질 때 미르체아는 23세의 청년, 아므리타는 16세의 소녀였다.

사랑과 운명.

미르체아와 아므리타의 이루지 못한 사랑에는 운명적 장

벽이 가로 놓여 있었다. 미르체아에 대한 아버지의 편견은 두말할 나위 없고, 미르체아와 아므리타 사이에도 역시 출생의 차이라는 운명이 가져다 준 문화적 장벽이 적지 않게 보인다. 미르체아는 유럽의 청년답게 유언(有言)의 사랑을 추구하지만, 아므리타는 무언(無言)의 사랑을 간직할 뿐이었다. 정녕, 사랑은 운명마저 극복할 수 있는가? 미르체아가 떠난 뒤 아므리타의 상처는 시인 타고르의 힘을 빌어서 치유된다. 스승 타고르에 대한 아므리타의 사랑이 있고, 아므리타에 대한 타고르의 사랑이 있다. "나는 인생에서 많은 것들을 얻었단다. 하지만 네가 내게 보여 준 것 같은 존경과 헌신, 그리고 사랑이 담긴 환대는 이제껏 받아보질 못했단다"라고 타고르가 고백할 정도이다. 타고르에 대한 믿음과 그가 베풀어 주는 사랑으로 아므리타는 시를 쓰면서 상처를 치유하고, 마침내 얼굴도 모르는 남자와 결혼까지 한다. 이러한 스승과 제자 사이의 사랑에서, 우리는 『바가바드기타』 이래 중세시대 힌두문학의 주류를 차지해왔던 박티(bhakti, 信愛)의 사랑을 확인할 수 있다.

여기서 우리는 궁금해진다. 미르체아의 소식을 듣고 혼돈과 갈등을 겪는 아므리타 남편은 어떻게 반응하고 있을까? 그는 아므리타에게 미르체아를 만나러 외국에 갈 것을 권유한다.

> 당신의 문학세계도, 당신이 무슨 활동을 하고 있는지도 세세한 부분은 모르고 있소. 내가 모르는 그 모든 것이 당신

에게는 떼어 내려야 떼어 낼 수 없는 부분인 것과 마찬가지로, 당신의 이러한 감정도 당신에게는 떼어놓을 수 없는 부분이오. 이 때문에 나한테 해가 될 거라고는 전혀 없소.

나이가 많아서 가능한 것일까? 나이가 많으면 질투심도 사라지는가? 그럴 것 같지는 않다. 하여튼, 그야말로 남편은 '연구 대상'이 아닐 수 없다. 어떻게 이처럼 관대할 수 있는가? "자신의 마음에 사랑이 얼마나 있으며 인내심이 얼마나 있는지, 그리고 얼마나 겸손할 수 있는지 남편은 자기 스스로를 시험하고 있었다. 그리고 남편은 아주 쉽게 그 시험을 통과했다." 한 가정에 앉아서 남편이 얻은 수행의 경지는 그야말로 히말라야의 동굴 속에 앉아 침묵을 지키고 있는 수행자들이 결코 얻을 수 없는 것이라고 아므리타는 생각한다(이런 까닭에, "산중보다 세속이 수행하기에 더 좋다"는 역설도 성립한다. 적어도 "산중이라고 해서 세속보다 더 잘 수행이 된다"는 관념이 허구임은 최학의 「소설가의 일」이 보여 주지 않던가).

불멸의 사랑은 있는가

남편은 아므리타에게 해외여행을 권한다. 한번 미르체아를 만나고 오라는 것이다. 43년 만에 아므리타 앞에는 미르체아가 서 있다. 그러나 미르체아는 옛날의 미르체아가 아니다(아니, 우리 모든 세속인들은 그럴 것이다). 이제 와서 어쩌겠는가? "당신에겐 남편이 있고, 내겐 부인이 있는 걸."

아므리타는 놀라 할 말을 잃는다. 애써 기운을 차리고 말한다.

> 미르체아, 당신은 그렇게 많은 공부를 했어도 큰 지혜를 깨닫지는 못했군요. 사랑이 어디 한 사람에게서 빼앗아 다른 사람에게 줄 수 있는 그런 물건인가요? 사랑이 무슨 재산인가요? 사랑은 하나의 빛이에요, 미르체아, 하나의 빛. 지성의 빛이 있는 것처럼, 지혜의 빛이 있는 것처럼 바로 그렇게 사랑의 빛이 있는 거예요. 지성의 빛은 한계가 있고 자기만의 영역이 있어요. 하지만 사랑의 빛은 가장 밝게 빛나는 거예요. 그 빛은 모두에게 진실의 모습을 밝혀 주는 거예요. 이 빛이 불타오르면 온 세상이 사랑스러워지죠. 당신을 다시 기억하고 나면서부터 남편이 더욱 사랑스럽게 느껴졌어요. 전에는 남편을 그렇게 사랑하지 않았지요. 당신은 이런 내 말을 믿겠어요?

미르체아의 사랑과 아므리타의 사랑 사이에는 이미 차원의 다름이 있는 것이다(아므리타의 이 말은 지성에 대한 사랑의 우월성, 학문에 대한 시의 우월성, '지혜의 요가'에 대한 '신애의 요가'의 우월성을 주장한다). 아므리타보다 미르체아는 더욱 굳어질 수밖에 없었으리라. 그러나 얼어붙은 미르체아를 풀어주는 것 역시 아므리타의 몫일 수밖에 없다. 지성이 아니라 사랑으로. 마침내 아므리타에 대한 미르체아의 사랑 역시 변화될 조짐을 보인다. "난 당신에게로 갈 거야. 하지만 이곳에서가 아니라 그곳에서. 그 갠지스강변에서 난 나의 본모습을 당신한테 보여 줄 거야." 비로소 운명의 장벽을 넘어 사랑이 완성될 희망이 보인다.

사랑은 이렇게 크다. 그 큰 사랑은 신에 대한/신의/신적인 사랑이라고 인도철학은 말한다. 이를 '박티'라고 하거니와, 그러한 사랑에는 42년도 없고 43년도 없으며 결코 죽을 수도 없는(na hanyate) 것이다. 무시간(無時間) 속에서의 사랑, 그것이 『나 한야테』의 주제다.

제목 '나 한야테'라는 말은 『바가바드기타』 2장 20송에서 "그것은 태어나지도 않았으며 영원하고 영속적이며, 태초부터 있었던 것이니 비록 육체가 살해된다 하더라도 죽지 않는다"는 구절 속에 등장한다. 이때 '그것'은 곧 육체를 떠나서 존재하는 영속적인 자아로서 아트만(ātman)을 가리킨다. 바로 그러한 초월적 존재/관념을 서술하는 말로서 이 책의 제목을 삼은 것은 이들의 사랑이 육체를 떠난 지고지순의 사랑으로서 영속할 것이라는 점을 나타내려고 한 것일 터이다. 물론 우리는 이러한 힌두교적 사랑 개념에 대해서도 이의를 제기할 수 있다. 사랑을 관념의 사랑과 육체의 사랑으로 분리하는 것이 가능하지 않다는 관점 역시 성립하기 때문이다.

아무래도 제목은 우리말로 옮기든지, 혹은 달리 바꿨으면 훨씬 많은 독자들이 이 책을 집어 들었을 것 같다. 『불멸의 사랑』은 어땠을까? 여주인공 이름 아므리타(amṛta)에는 바로 불멸(不滅)이라는 의미도 있다.

번역자 임근동 선생은 인도 산스크리트문학을 전공하였

다. 그에 따르면, 우리나라에서 인도문학을 전공한 학자는 5~6명 정도 된다고 하는데, 인도문학에 대한 논문 쓰기보다 더욱 시급하고 중요한 일이 고전문학이든 현대문학이든 작품을 번역하는 것임을, 그 독자가 되고 싶은 한 사람으로서 힘주어 말하고 싶다. 임근동 선생의 계속적인 번역 작업을 기대하면서, '인도문학선'을 기획·출판하고 있는 '문이당'에 대해서도 감사를 표하고 싶다.

불(火)의 속박 불태우기

● ● ● 〈화이어Fire〉
(디퍼 메타, 인도, 1997)

인도영화 〈화이어〉는 춤과 노래가 상영시간의 거의 절반을 차지하는 볼리우드(Bollywood)의 '맛살라(향신료)영화'는 아니다. 예술영화로서 무슨 국제영화제의 상을 받기도 한 작품이다.

동병상련(同病相憐)에서 동병상연(同病相戀)으로

무대는 아마도 뒷부분에서 두 동서가 다시 만나는 곳이 니자무딘 사원인 것으로 보아서 델리임을 추정할 수 있다. 델리 남부에 니자무딘 역이 있는데, 이 근처에 이슬람 신비주의의 성자인 니자무딘의 묘(Nizam-ud-din's Tomb)가 역시 있기 때문이다. 그 지역 어디쯤의 시장일까? 비디오도 빌려주고, 스위트(후식용 과자인데, 인도 사람들이 매우 좋아한다. 너무 달다!)를 파는 가게를 운영하는 형과 형수, 그리고 동생 내외가 주인공이다. 이 외에도 이들의 어머니(노쇠하여 말은 못하고, 희로애락이나 의사소통을 요령 흔들기로 대신한다)와 집안

일을 하는 고용인 '문두'가 있다.

영화는 이들 두 형제의 가정생활을 축으로 하고 있다. 그런데 한결같이 정상적이 아니다. 형 아쇼크는 매우 진지하고 도덕적이다. 다만, '법회'(불교식 술어로 옮겨져 있으나, 사실은 힌두교의 집회이다)에 참여하느라 가정을 거의 돌보지 않는다. 종교에 빠져 있는 것이 문제가 아니다. 형이 떠받드는 힌두교의 구루(guru, 스승)는 정통 베단타주의자로서 지나치게 물질/육체의 가치를 부정하고 정신/영혼의 소중함만을 강조한다는 데 문제가 있는 것이다. 물질/육체와 정신/영혼을 분리시킨 뒤, 후자의 가치만을 참된 것이라 주장하는 힌두교의 철학이 베단타(Vedānat, 베다의 궁극적 의미) 사상이다. 구루는 말한다.

"밤의 유혹을 물리쳐라."

충실한 제자인 '형'은 스승의 가르침에 수순하기 위하여 충실하고도 정숙한 아내를 멀리한다.

"여보, 이리 와 봐. 내 옆에 한번 누워 봐."

자기 침대로 아내를 부르지만, 보듬어 주기 위해서가 아니다. 아내의 여체가 내 몸에 부딪치더라도 내 정신이 동(動)하지 않을 수 있는지를 그렇게 매일 밤 시험하는 것이다.

"됐어. 건너가서 자요."

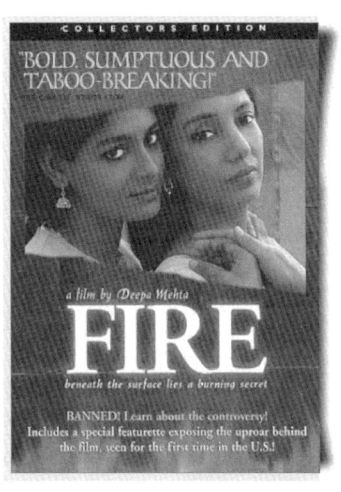

그럼 아내는 어떤 존재인가? 단순히 실험도구에 지나지 않는다는 말인가? 이렇게 스승의 가르침에 충실한 형은 집안의 재산을 더욱더 많이 스승에게 갖다 바치게 된다. 그 훌륭한(?) 스승이 욕망을 떠나서 열반에 이르기 위하여 결행하려는 '고환제거수술' 비용 때문이다. 병적이 아닌가? 문제는 마음이지 몸이 아니지 않은가. 몸은 그 마음의 도구에 지나지 않는 것이다. 여기에 베단타의 한계와 함정이 있다. 내가 베단타학파의 소의경전 중 하나인『바가바드기타』를 공부하면서도, 사실 베단타를 좋아하지 않는 이유가 바로 여기에 있다.

이렇게 '형수(라다, 사바나 아즈미 扮)'는 그 남편으로부터, 남편이 믿는 전통적 힌두교의 가치관으로부터 소외되어 있다. 그러면서 시어머니 봉양과 가업의 유지를 위한 장사 등 전통적으로 효부(孝婦)에게 요청되는 덕목(dharma)을 묵묵히 실천하고 있다.

이런 라다의 숨통을 틔워 줄 사건이 일어난다. 바로 자틴의 결혼이다. 만고평생에 건달인 시동생이 결혼을 하고, 신부가 집으로 들어오는 것이다. 한데 이들 젊은 부부 역시 비정상적이다. 시동생이 쥴리(Julie)라는 이름의 중국 여자를 애인으로 두고 있는 것이다. 사랑은 쥴리에게, 몸은 새로운 신부를 맞이하는 형국이다.

그들은 신혼여행을 '사랑의 성지' 타지마할로 간다. 그 타지마할로부터 〈화이어〉는 시작된다. 죽음마저 넘어서려고 했던 사랑의 현장에서 이들 젊은 부부의 뒤틀린 인연이 시작되는 것이다. 한 번도 시동생은 그 아내를 따스하게 안아 주지 않는다. 밖으로만 나돈다. 이 사이에 정숙한 형수와 반대로 자기표현에 서슴없는 젊은 새댁, '시타'는 이 평화로운(?) 집에 풍파를 몰고 온다. 라다와 시타의 관계가 동병상련(同病相憐)에서 동병상연(同病相戀)으로 변해 간 것이다. 남편에게 소외된 두 여인들이 서로 눈물을 닦아 주다가 서로를 사랑하게 된다. 두 남자가 야간에 가정을 비운 사이, 그들은 '한 배'를 탄다.

말없는 시어머니의 짜증 섞인 요령소리에 이어서, 마침내 일꾼 '문두'의 고자질로 거울은 깨진다. 그러나 이 연인들은 서로에 대한 사랑을 마감하는 대신 그 질곡의 집과 부부관계를 청산하기로 한다. 반역(反逆)이다. 집이 불탄다. 그리고 그들은 집을 떠난다. 출가(出家)다!

『라마야나』 불태우기

인도의 예술은 아직도 그들의 전통에서 모티브를 찾는 일이 적지 않다. 〈화이어〉 역시 그렇게 볼 수 있다. 서사시인 『라마야나』를 그 배경에 깔고 있기 때문이다. 따라서 『라마야나』 이야기를 이해하지 못한다면, 이 영화에 대한 이해는 반감할지도 모른다.

『라마야나』는 비쉬누 신의 화신 라마(Rāma, 힌디어로는 람)의 이야기다. 북인도 아요디야(Ayodhya)에서 태어난 라마는 부왕의 뒤를 이을 왕세자 신분이지만, 계모의 술책으로 왕위계승을 포기하고 숲 속으로 떠나간다. 효도에 의한 자기 선택이었다. 여기까지만 읽으면, 얼핏 『라마야나』 역시 또 다른 서사시인 『마하바라타』처럼, '빼앗긴 왕위 되찾기'로 그 서사가 전개될 것 같다. 그러나 그렇지 않다. 반전이 일어난다.

오늘날의 스리랑카에 해당하는 랑카섬에 살고 있는 악마 라바나가 라마의 아내 시타(Sītā)의 미모를 탐하여 납치해 간다. 그리하여 이제 이야기는 '빼앗긴 시타 되찾기'로 전개된다. 이때 가장 강력한 후원자가 '전인도원숭이협회'의 회장과 같은 지위에 있었던 원숭이 하누만(Hanuman)이다.

하누만은 먼저 랑카로 건너가서 시타의 소재를 확인한 뒤, 라마의 군대가 랑카섬으로 진격할 수 있도록 원숭이 다리(猿橋)를 놓는다. 원숭이들이 만든 무지개다리다. 이 다리 위로 라마의 군대가 진격하여 라바나를 물리치고 시타를 구출해 온다(이 원숭이 이야기가 중국에 전해져 『서유기』의 손오공으로 부활한다).

여기서 『라마야나』가 끝난다면 우리의 『춘향전』과 비슷하게 되었을지도 모른다. 그러나 두 번째 반전이 일어난다. 백성들은 시타를 의심하고, 라마까지 개운해 하지 않는다.

> "과연 시타에게 아무런 일이 없었던 것일까? 뭔가 평소 몸가짐이 정숙하지 못했기에 라바나가 탐낸 것이 아니겠는가?"

이른바 '희생자 비난 이데올로기'가 여기서도 작동된 것이다. 이렇게 순결을 의심하는 여론에, 시타는 어떻게 대응하는가? 순결을 증명하기로 한다. 장작더미에 불을 붙여 놓고, 맹세를 한다.

> "만약 내 몸에 조금이라도 부정(不貞/不淨)함이 있었다면, 이 불을 건너는 동안 나는 불에 타서 죽고 말리라."

그녀는 불 위를 무사히 건너게 된다. 이로써 시타의 정조는 재확인 받았던 것이다. 이 이야기는 오랜 세월 동안, 인도 여성들의 죽음을 재촉하는 계기가 된다. 남편이 죽으면 살아남은 아내는 미망인(未亡人)이 아니라 함께 화장하는 불 속으로 뛰어 들어가 산 채로 망인(亡人)이 된다. 그럼으로써 정숙함과 정절을 보증 받았던 것이다. 이를 '사티' 혹은 '서티'라고 부른다. 지금은 법으로 금지되어 있다. 조선시대에 열녀들을 위해 유교 사회가 홍살문을 세운 것처럼 인도의 힌두교 사회 역시 사원에 '순사(殉死)'한 여인들의 손바닥 무늬를 남겨 둔다. 그리고 그녀들은 죽어서 '사티 신'이 된다고 칭송 받는다.

〈화이어〉는 바로 이 『라마야나』의 시타 이야기에서 직접적으로 모티브를 가져온다(아랫동서의 이름이 '시타'라는 점도 주의해야 할 것이다). 영화 속에서는 구두로 이 시타 이야기가 말해질 뿐만 아니라, 직접 주인공들이 『라마야나』의 이 장면을 극(劇)으로 재연한다. 그 극과 두 부부의 이야기가 겹쳐지고 있는 것이다. 그런데 '라다'와 '시타'의 두 여인들이 이러한 불의 이데올로기, 시타의 이데올로기(=가부장제 이데올로기)에 반기를 든다. 그것이 라스트 신에서 힌두의 전통과 다르마에 의해서 지어지고 유지되는 '집'이 불타는 것으로 형상화되었던 것이다. 이렇게 〈화이어〉는 『라마야나』의 시타 이데올로기를 불태우고, 여성을 억압했던 전통적 가부장제 이데올로기를 불태우고 있는 것이다. 두 여인이 불타는 집(火宅)을 뛰쳐나와서 재회하고, 새 출발을 향해 손잡고 떠나가는 장소 역시 이제 힌두교와는 무관하다. 그곳이 바로 '니자무딘 사원'인 것이다. 즉 이슬람의 사원이다. 그것은 그들이 이슬람으로 개종한다는 상징은 아니지만 힌두 떠나기를 상징적으로 보여 주고 있는 것은 아닐까?

이렇게 〈화이어〉는 두 여인의 동성애 영화(queer cinema)이면서도, 그렇게만 읽어서는 안 된다. 단순히 여성의 동성애 영화이기에 페미니즘 영화인 것은 아니다. 『라마야나』라는 힌두교의 텍스트가 여성에게 부과했던 속박을 불태우므로 페미니즘 영화인 것이다. 이는 '라마' 대신 '시타'를 주인공으로 하여, 즉 남·여 주인공을 역전시켜서 『라마야나』를 『시타야나』로 번안한 것보다 더욱 철저한 것으로 평가할 수 있으리라. 〈화이어〉를 보면서, 나는 암베드카르 박사가 신분차별을 규정한 『마누법전』을 불태운 사건이 생각났다. 그러니 가부장제 이데올로기를 유지하려는 상층 힌두들이 〈화이어〉를 상영하고 있는 영화관에 몰려가서 영화관을 불태워 버렸다고 하는 일도 그런 배경에서 이해할 수 있다. 이들의 맞불 놓기는 언제 끝날 것인지….

(1999년 9월 12일)

📽 같은 감독에 의해서 사티를 감행하지 않은 여성들의 집단 생활을 다룬 영화 〈워터〉(Water)가 뒤이어 제작되었다.

환생한 스승 찾기

● ● ● 〈리틀 부다〉
(B. 베르톨루치, 미국, 1993)

 티벳의 달라이라마 13세가 인도로 망명한 것은 1959년의 일이다. 그 당시 그가 어떤 고초를 겪었는지는 그의 자서전 『티벳, 나의 조국이여』(김철·강건기 옮김, 정신세계사, 1989)에서 기록하고 있다. 불교가 인도를 떠나면서 세계종교가 되었던 것처럼, 티벳불교 역시 티벳을 떠나면서 세계 속의 불교로 거듭나게 된다. 현재 서구세계에 가장 넓게 퍼져 있으며, 가장 많이 알려진 불교는 티벳불교라고 한다.
 과연 서양인들은 불교를, 혹은 티벳불교를 어떻게 이해하고 있을까? 이러한 의문에 대하여 다소 암시를 주는 영화가 바로 베르나르도 베르톨루치(1941~) 감독이 만든 〈리틀 부다〉(Little Buddha)이다. 베르톨루치 감독은 〈마지막 황제〉·〈파리에서의 마지막 탱고〉와 같은 걸작을 만든 세계적 거장이다. 나는 〈파리에서의 마지막 탱고〉에서 받은 깊은 감명을 잊을 수 없다. 그런 거장이 과연 불교를 어떻게 그려 내고 있을까, 궁금한 일이 아닐 수 없었다. 자, 〈리틀 부다〉를 읽어 보자.

환생의 세계와 티벳

얼마 전 우리의 문화·예술계에 '환생신드롬'이라는 거센 바람이 불었던 적이 있다. 양귀자의 소설 『천년의 사랑』과 영화 〈은행나무 침대〉가 바로 그 같은 '환생신드롬'의 진원지라 할 수 있다. 환생을 믿는다는 것은 바로 윤회를 믿는 일이다. 따라서 '환생신드롬'의 진정한 진원지는 불교이며, 티벳불교의 경우는 그 같은 사실을 다소 극적으로 신앙하고 있는 셈이다.

티벳에서는 달라이 라마가 열반을 하면 그가 환생한 아이를 찾게 된다. 이때 여러 가지로 시험을 거친 결과 달라이 라마의 환생이 확정되면 부모의 허락을 얻어 출가케 하며, 체계적인 교육을 거쳐서 마침내 달라이 라마로 모셔진다. 이렇게 달라이 라마의 계보가 이어지는 것이다. 그렇게 환생하는 것은 달라이 라마뿐만이 아니다. 덕이 높은 고승들은 모두 그렇게 환생한다고 믿었다. 〈리틀 부다〉는 바로 그렇게 '환생한 스승 찾기'를 그린 영화이다.

부탄의 티벳사원.

한 노스님(노부 라마)이 어린 동승(童僧)들에게 공부를 가르치고 있다. "옛날에 인도에 한 마리의 염소가 살고 있었는데…" 염소의 환생 이야기. 처음부터 이 영화의 주제를 암시하고 있는 셈이다. 그때 전보가 온다. 미국 시애틀에 '다르마 센타'(법당)를 열고 있는 제자가 보낸 것이다. 노스님의 스승 도제 라마의 환생을 찾았다는 내용이다. 노부 라마는 시애틀로 향하는 비행기를 탄다. 스승의 환생을, 아니 스승을 찾으려는 희망을 안고.

도제 라마의 환생으로 지목된 이는 제시라는 이름의 소년이었다. 제시의 아버지는 건축가, 맑은 외모의 어머니는 수학 교사(브리짓 폰다 분)이다. 노부 라마는 그들 부부를 찾아가서 말한다, 제시가 도제 라마의 환생일지도 모른다고. 제시 가족들의 반응은 어떠했을까? 우리가 그 같은 상황에 처하게 된다면 어떻게 반응할까? 아마 대부분의 부모들은 매우 당혹스러워 할 것이다. 제시의 아버지가 보인 반응이 바로 이 경우에 해당한다. 한편, 제시와 그의 어머니는 다소 흥미로워하는데, 마치 "동방박사 세 사람이 찾아온 것 같다"고 표현한다.

흥미를 느낀 제시는 어머니로부터 그림이 있는 부처님의 전기를 읽어 달라고 한다. 시애틀에 있는 티벳불교의 다르마 센터를 찾기도 하고, 그곳에서 스님들과 대화를 나누기도 한다. 그림책에서나, 스님의 입을 통해서 듣는 이야기는 탄생에서부터 깨달음에 이르는 싯다르타 태자의 전기다. (솔직히 말해서, 우리같이 부처님의 일생을 다 알고 있는 입장에서는

리틀 부다

이 부분이 이 영화에 대한 흥미를 반감시키고 지루하게 만드는 요소이다. 이 영화가 서양인들을 위한 영화라는 점에서 이해할 수도 있지만, 영화는 허구(虛構)를 말하고 있어야 한다는 교훈을 얻을 수도 있다. 그런 점에서 이 영화가 갖는 예술적 한계를 확인할 수 있다.] 제시를 중심으로 한 미국 중산층 가정의 이야기와 싯다르타 태자의 삶이 교차로 편집되어 있다.

이때 반전(反轉)이 일어난다. 제시의 아버지는 사업에 실패하고 동업자인 에반마저 사고로 죽는다. 실패와 죽음을 경험한 아버지는 심경의 변화를 일으킨다. 실패와 죽음은 모두 무상(無常)의 상징 아닌가? 비로소 앞만 보고 달려왔던 자신의 삶을 되돌아보고 싶어진다. 비로소 노부 라마의 이야기에 귀를 기울이게 된다. 아들 제시를 부탄에 보내야겠다, 생각한다. 불교가 어려운 것은 교리가 어려운 것이 아니다. 이렇게 제시의 아버지가 느낀 것처럼, 우리의 삶 속에서, 경전 밖에서 무상을 체험적으로 실감하지 않고서는 경전의 언어가 이해되지 않는다는 데 그 어려움이 있다. 무상(無常)·무아(無我)·공(空) 등과 같이 부정적으로 말해지는 불교교리는 바로 부처님이 직접 겪은 삶 속에서 깨달은 것이기 때문이다.

제시는 아버지와 함께 2주간의 일정으로 네팔에 간다. 카트만두에 제2의 후보자가 있다는 전보를 받았기 때문이다. 그 소년의 이름은 라주. 라주는 서커스단에서 춤추고 노래하는 동양인이다. 그런데 제3의 후보가 또 나타난다.

제3의 후보는 지타라는 이름의 소녀. 생전의 도제라마가 그의 어머니에게 찾아와 배에 손을 대었는데 잉태를 했다고 말한다. 아니, 환생은 하나의 생명으로만 나타나는 것 아닌가? 환생이 여럿이라, 이것은 혹시 모든 존재가 다 불성(佛性)을 갖고 있음을 말하는 것인가?

세 어린이는 함께 부처님 성도의 모습을 본다. 보리수 아래에서 마구니(魔軍, 마라, 번뇌의 상징)의 항복을 받는 부처님의 모습을 본다. 부처님(키아누리브스 분)과 똑같은 모습의 마구니가 나타나서 서로 상대의 손을 잡고 있다. 본래 부처와 마구니가 따로 있는 것이 아니라는 의미다. 번뇌의 모습 속에 부처가 있으며, 부처와 중생이 따로 없는 것이다. 마구니에게 온전히 항복받게 되자 부처님의 얼굴을 하고 있던 마구니가 가면을 벗는다. [이 영화에서 시청각적으로 가장 볼 만한 장면이 마구니에게 항복받는 이 장면이다. 이 이상 더 잘 형상화할 수는 없을 것이다.]

그런데, 과연 세 어린이 중 누가 진정 도제 라마의 환생일까? 세 어린이를 평가하고 확인할 사람은 노부 라마 밖에 없다. 앞에서 노부 라마는 한 노승으로부터 약을 가지고 가라는 말을 듣는 장면이 나온다. 머지않아 노부 라마가 죽을 것이라는 복선이었다. 노부 라마는 스스로의 건강을 생각하며, 스승의 환생 찾기를 더 이상 미룰 수 없다고 생각하게 된다. 세 어린이를 차례로 불러서 시험한다. 여러 개의 모자가 놓여 있다. 물론 그중에 하나는 도제 라마의 모자. 세 어린이는 모두 도제 라마의 모자를 정확하게 지적한다. 세 어린이 모두 도제 라마의 환생임이 확인된 셈이다.

절의 큰 마당.

티벳 스님들이 서 있는 가운데 노부 라마는 제일 먼저 라주에게 가서 티벳식으로 큰절(五體投地)을 한다.

"당신이 저의 스승이십니다."

세 어린이 모두에게 차례로 절을 한다. 인상적인 것은 절을 하면서 둘은 이마를 서로 마주 댄다. 마지막으로 노부 라마는 제시에게 말한다.

"스승님께서도 얼마 지나면 저를 찾아주십시오."

강물의 흐름처럼 이어지는 삶

노부 라마는 죽기 전 『반야심경』을 독송한다. 제시의 아버지는 지금까지의 전 과정을 따라다니며 지켜보고 있었다. 제시가 아버지에게 『반야심경』의 한 대목을 말한다.

"보는 것도 듣는 것도 공허하며, 제시도 없고 라마도 없다.
죽음도 두려움도 없다."

사업에 실패하고 친구를 잃은 아버지, 스스로 가졌던 자기에 대한 이미지(자기 정체성)가 와해된 아버지에게는 대단히 힘이 될 만한 이야기였을 것이다.

얼마 뒤, 도제 라마의 환생을 다 찾은 노부 라마는 입적한다. 제시는 아버지와 함께 귀국하여 어머니를 만난다. 그들 가족은 함께 큰 강에 배를 띄우고 도제 라마의 발우에 노부 라마의 뼛가루를 넣어서 강에 띄워 보낸다.

강물에 다비한 뼛가루를 뿌리는 것은 그렇게 끝없이 흐르는 강물의 흐름처럼, 생과 생은 연속됨을 보여 주는 것이다. 스승에서 제자로, 다시 제자에서 스승으로 이어지는 연속, 어버이에게서 아이로, 다시 아이에게서 어버이로 이어지는 끝없는 윤회의 삶을 보여 준다. 이것이 베르톨루치 감독이 하고 싶은 말이 아닐까. 마침, 제시 어머니는 임신한 몸으로 그 배에 타고 있다. 죽음이 또 다른 삶으로 이어지고 있다는 것을 상징하고 있는 것이다.

이 〈리틀 부다〉는 내가 얼마 전에 읽은 어떤 시를 생각나게 하였다. 신중신(愼重信) 시인의 시 「갠지스 江의 추억」(『현대문학』, 1995년 9월호)이 바로 그것. 미국과 인도의 차이는 있지만, 거기에는 차이보다 더 큰 공감이 있을 것이다. 전문을 읽어 본다.

日出을 맞으러 가는 거룻배의
노 끝에서 부서지는 물소리,
영혼을 헹구는 시간이다.
강은 자신을 선택한 사람만을
유장한 품으로 선택한다.
간밤의 부산스러웠던 번뇌는
푸른 물 속 깊이 가라앉았고
울음 울던 새들은 아직 나타나지 않았다.
뒤돌아보면 갠지스 강 계단 아래서
새벽 火葬의 연기가 아련한,
그 아침은 더 천천히
그리고 명상적으로 다가온다.
누군가가 태어나고
살다가 한 줌 연기로 사위어 가는
섭리의 흐름, 갠지스 강이여
커다란 햇덩이가 구름장 위로 솟구쳐 올랐을 때
강의 對岸에선
젖은 삭정이 태우는 불길이 멀다.
밤사이에 강은 自淨이 되었을 것이나
투명한 수면에 얼비치는 얼굴은
잠시 떠올랐다 가뭇없이 지워진다.

—신중신, 「갠지스 江의 추억」 전문

(1997년 1월 18일)

환생 신드롬이 던져 주는 의미

● ● ●「어느 下午의 混沌」
(유주현, 『문학사상』, 1977) 외

윤회하는 존재라는 숙명

소설을 가르치시는 국문과 장영우 교수의 추천으로 유주현, 「어느 下午의 混沌」(『문학사상』 1977.5)을 읽다.

전자공학을 전공한 교수인 '나'는 어느 날 오후, 안마시술소를 찾아간다. 스트레스 해소에 좋다는 친구의 소개와 권유에 의해서다. 안마시술소에서, '나'는 선천적으로 시각장애자인 '그 여자'를 만난다.

"아이, 담배 냄새"

그 여자의 음성은 나에게 "처음 듣는 말이 아닌 것 같았다. 그 음성도 억양도 귀에 익어있는 듯"한 느낌을 준 것이다. 누구나 이 같은 경험을 가질 수 있다. 어디서 만났던 것 같은 인상은 '나'뿐만이 아니라 '그 여자'도 마찬가지다.

"선생님 몸은 제가 자주 만진 일이 있는 것 같네요. 처음이시라는데."

그 여자는 환상에 빠진 듯이, 옛날의 전생을 떠올리고 '나'에게 들려준다. 안마를 하는 동안, 그 여자가 떠올린 자기 전생은 신라시대 소지 마립간의 여자 벽화(碧花)→고려때 원의 황후가 된 기황후→조선시대 연산군의 생모 윤씨→일제시대 요화(妖花) 배정자 등이었다.

누군가 써 준 각본인가? 의심도 해 보지만 "그 여자는 직업적인 화술을 농(弄)한 것도 아니고, 연극을 한 것도 아니고, 정신에 착란을 일으킨 것도 아닌 게 분명하다고 나는 확실하게 믿는다." 그런 나에게 여자는 8살로 생을 마감한 '나의 둘째 딸'아이라는 생각이 든다. 나의 둘째 딸은 목욕탕에 데리고 다니면서 아빠의 피부 감각을 익혔으며, 아빠의 담배 냄새를 싫어해서 "아이, 담배 냄새"라고 말하곤 했었다.

도대체 이 같은 환생 이야기는 어떤 의미를 가지는가? 신비적 호기심이나 현실의 도피를 위해서인가? 아니면, 생에 대한 또 다른 집착으로 인해서 희망되는 것인가?「어느 下午의 混沌」은 이렇게 밝히고 있다.

> "나는 이제 그 여자로 말미암아 종생토록 뭔가 생각하며 살아가야 한다는 하나의 존재적 실체로서의 숙명을 바로 그 여자가 그렇게 해서 내게 깨우쳐 준 것이라고 생각한다."

환생의 존재는 우리의 현재적 삶을 비춰 보는 하나의 거울이다. (1998년 2월 26일)

환생과 정체성의 문제

유재용, 「환생, 끝나지 않은 이야기」(『이상문학상 수상 작품집』, 문학사상사, 1997)를 읽다. 제자 김정두가 나를 찾아와서 털어놓는 세 가지 환생 이야기가 골격을 이룬다.

1) 미국에서 교통사고로 떠난 오빠의 죽음을 숨기다가 마침내는 오빠가 살아 있다고 믿고 "살아 있는 오빠의 귀국을 기다리는 (…) 오빠와 연고가 있는 장소와 사람들 주변에서 오빠를 찾기 시작하는" 여자의 이야기.

2) 아이(영이)를 잃은 엄마가 아이의 "혼이 들어갈 몸"이 있어야 한다고 남편에게 관계를 요구하지만, "적어도 1년 동안은 정성을 다해 참으며 영이가 돌아오기를 기다려야 한다"는 남편에 의해서 거부된다. 그러자 마침내 영이의 엄마는 외간남자의 아기를 임신하고 만다는 이야기.

3) 죽은 남편 인중의 환생을 찾아다니면서 그와 닮은 남자들과 관계를 맺음으로써 남편의 완전한 환생을 희망하는 여자 운지(雲池)의 이야기. "인중 씨의 외모와 성정이 여러 부분으로 나누어져 여러 사람 속에 환생해 있었어요. 그렇게 분산되어 이루어진 인중 씨의 불완전했던 환생이 내 뱃속 아기로 인해 다시 종합된 거"라고 생각하지만, 자궁외 임신으로 아이가 죽고 만다. 그 후 얼마 지나지 않아 후유증인지 자살인지 운지 역시 죽고 만다.

이 세 가지 이야기 중에서, 중심은 셋째 운지의 이야기다. 그것은 김정두가 직접 운지의 파트너 중 한 사람으로서 겪었던 일이었기 때문이다. 운지가 죽은 후, 김정두는 다시 같은 사무실의 여자 백주혜에게서 운지의 모습(환생)을 찾게 된다.

이 소설은 중요한 질문 하나를 제기한다.

> "선생님, 신이 보시기에 저는 독립된 개인입니까? 아니면 한국인의 하나, 동양인의 하나, 인류의 하나에 지나지 않을까요?"

환생으로 이어지는 나, 윤회 속 나의 정체성은 어디에서 찾을 수 있는가, 하는 질문이다. 「어느 下午의 混沌」이 환생 이야기의 의미를 물었다고 한다면, 「환생, 끝나지 않은 이야기」는 끝나지 않은 환생의 고리 속에서 우리의 정체성을 묻고 있는 작품이다.

(1998년 3월 22일)

4
개인이 세상을 만날 때

한 개인의
닫힌 세상 열어젖히기

● ● ●「상원사」
(선우휘, 『월간 중앙』, 1969)

한암 스님 이야기, 김 소위 이야기

소설은 이야기다. 이야기인 까닭에 허구다. 있었던 일을 그대로 보고하는 것이 아니라, 있을 수 있는 일 또는 있을 법한 일을 상상력을 동원하여 엮어 내는 것이다.

소설의 이야기는 논픽션과 같이 현실을 그대로 보고하지 않고, 허구적으로 재창조하는 데서 재미가 늘어나고 문학적 성취도 보장된다. 그런데 체험을 허구 속으로 가져가서 재구성하지 않고, 소설적 장치만 한 채 그 실제사건을 그대로 전달하는 경우에 그 소설의 문학적 성취도는 떨어지게 될지도 모른다. 주요 등장인물의 실명이 그대로 쓰인다면 더욱 더할 것이다.

50년대 작가로 평가되는 선우휘(鮮于輝, 1922~1986)의 단편「상원사」(上院寺)가 그런 예이다. 우리 현대 불교사의 아침을 연 선승(禪僧)인 방한암(方漢岩, 1876~1951) 스님이 6.25

중에 실제 겪은 한 사건을 소설화한 작품이다. 「묵시」 등에서도 춘원과 같은 실존 인물의 등장을 볼 수 없는 것은 아니지만, 「상원사」의 두 주인공이 차지하는 비중과는 다르다.

실명소설의 하나로 이야기될 수 있는 「상원사」는 그런 면에서 일단 '한암 스님 이야기'로 볼 수 있다. 「상원사」가 한암 스님의 이야기라고 한다면, 불교소설이라고 생각할 수도 있겠다. 궁극적으로 「상원사」가 불교소설이라는 점에 대해서는 나 역시 동의하지만, 단순히 한암 스님을 주인공으로 한 불교 이야기이기 때문에 불교소설이라고 지레짐작하는 것은 옳지 않다. 소재나 제재가 불교적이라고 해서 불교소설이라 할 수는 없을 것이기 때문이다.

한암 스님(1876~1951)

진정한 불교소설이냐, 아니냐 하는 분기점은 주제가 과연 불교적이냐, 아니냐 하는 데에 있을 것이다. 그런 점에서 볼 때 역시 「상원사」는 불교소설일 것이다.

그러나 「상원사」는 불교소설을 표방하지 않는다. 작가가 불교를 신앙했는지에 대한 확고한 자료를 나는 갖고 있지 못하다. 오히려 그는 비종교적이었던 것으로 보인다. 작가 김성한의 다음과 같은 증언에 의하면, 불교신앙에 열심이었기 때문에 불교를 선양하고자 하는 의도로 「상원사」를 집필한 것이 아님은 분명해진다.

> 그는 만년에 이런 말도 했다. '종교에 관심이 없는 것은 아니지요, 허지만 속세의 때가 묻을 대로 묻은 처지에 나이가 들어 천당이니 극락이니 넘본다는 것은 염치없는 일이 아닐까.'(김성한, 「인간 鮮于輝」, 『선우휘문학전집 2』, 조선일보사, 1987, p.17)

그렇다면 작가 선우휘는 왜 「상원사」를 쓰게 되었을까? 이 문제를 해명하는 것은 이 소설의 주제를 파악하기 위해 매우 중요하다. 작가가 평소 소설쓰기를 통해서 추구하고자 했던 주제를 보강해 주는 한 실례를 '한암 스님 이야기'에서 발견할 수 있었다. 이 발견, 즉 깨침은 한암 스님이 입적한 뒤 18년이 지나서야 이루어진다.

> 그것은 상원사를 찾고서 법당에 걸렸을 액자에 얽힌 이야기와 월정사는 탔지만 상원사는 타지 않은 까닭을 모르고 돌아왔다는 것이 멍청하고 맹랑한 것을 지나쳐 쾌씸하게까지 여겨진 탓이었는데, 이형은 그러한 나에게 다그쳐 묻는 것도 아니어서 나는 그만 맥이 풀리고 말았다. 그래서 듣고 싶어 하지도 않아 하는 사람에게 이쪽에서 열을 내어 말해 줄 것도 없어서 그 자리에서는 잠자코 말았지만 집에 돌아와 곰곰 생각해 보니 그 얘기는 내가 이 몇 년 동안 추구하고 있는 가장 절실한 문제와 직결되는 것임을 발견했다. 어째서 이제까지 나는 시시한 딴 얘기만 하고 바로 그 얘기를 쓰지 않았던가? 멍청하고 맹랑한 것은 그 얘기를 못 듣고

돌아온 뒤에 캐묻지도 않은 이형이 아니라 기실 이제까지
 그 얘기를 쓰지 않은 이 나였었구나.

 한암 스님을 위한 「상원사」가 아니라, 「상원사」를 위한 한암 스님이라고 하는 점은, 이 소설의 실제 주인공을 한암 스님이 아닌 김 소위로 읽히게 한다. 그러나 "이 얘기에는 후일담이 있다"는 한암 스님의 열반과 김 소위의 사진 찍기를 사족으로 붙임으로써 「상원사」의 주인공이 한암 스님인 것처럼 읽히게 하고, 동시에 작품의 주제의식을 약화시키는 허물을 범하고 있다.
 먼저 김 소위의 입장에서 「상원사」를 읽어야 주제가 제대로 전달된다. 그렇다면 과연 작가 선우휘가 '이 몇 년 동안'이 아니라 어쩌면 평생을 두고 추구하고 있었던 가장 절실한 문제는 무엇이었을까?

결단과 행동의 이야기

 선우휘는 50년대에 등단하여 30여 년 창작활동을 계속했으며 남긴 작품 수도 81편(단편 64편, 중편 7편, 장편 10편)에 이른다. 30여 년이 넘는 그의 작품 활동은 일관된 주제의식에 매여 있었음이 지적되는데, 그것은 "지식인의 고뇌, 지식인의 행동"(김치수, 「지식인의 고뇌, 지식인의 행동」), "행동-고뇌-행동"(민현기, 「선우휘론-행동과 침묵의 시대적 의미」)으로 이해된다. 50년대적 상황, 특히 6.25전쟁의 체험을 문학적

으로 형상화한 단편들에서 이 '가장 절실한 문제'에 대한 추구를 확연히 볼 수 있는 것이다. 민현기는 다음과 같이 말하고 있다.

> 긍정적인 의미로든 부정적인 의미로든 선우휘는 그 어떤 작가보다도 특징적으로 50년대(또는 해방 직후)의 상황 및 그 시대적 기류 속에 존재하는 한국인의 행위와 내면의식을 집중적으로 수용한 작품들을 많이 발표했으며, 그와 같은 경향은 시대가 바뀌어도 별로 변하지 않고 계속 반복·확대·재생산된 모습으로 하나의 줄기를 이루며 나타나고 있다.
> (권영민, 『한국현대작가연구』, 문학사상사, 1991, p.50)

나 역시 기왕의 이 같은 평가에 이의를 제기할 수 있는 입장에 있지 않다. 타당한 논리이기 때문이다. 그럼에도 불구하고 종래의 평가에는 중요한 한 문제가 제기되지 않고 있음을 본다. 선우휘 문학의 행동은 무엇을 위해서이며, 그러한 행동들은 도대체 어떤 의미를 가질 수 있는가 하는 점이다. '하나의 줄기'를 이루고 있는 이러한 문제에 대한 선우휘의 추구는 전쟁문학이라고 할 만한 단편들에서 특히 두드러진다. 「상원사」(『월간 중앙』, 1969), 「1950년대의 고뿔 감기」(『문학사상』, 1983), 「승리」(『주간조선』, 1984)와 같은 소설들에서이다.

6.25는 여느 전쟁과는 다르다. 이민족과의 전쟁이 아니라 동족 사이의 전쟁이라는 점에서 다르고, 바로 어제까지 고락을 함께 나누던 이웃과, 심지어 형제 사이에도 총부리

를 겨누고 서로 죽고 죽여야 했다는 점에서 그 비극성은 깊이를 더한다. 사람들의 인연관계를 6.25는 근본적으로 뒤틀고 있다는 점에서 소용돌이 속에 팽개쳐진 실존의 고뇌는 쌓여만 간다. 인간이 오직 생존을 위해서 본능적으로 행위 하는 즉자(卽自)적 존재이기만 하다면 고뇌는 없었을지도 모른다. 생각하는 갈대인 인간은 스스로의 처지를 대자화(對自化)시켜 고뇌할 수 있는 존재들이다. 그러한 고뇌 끝에 나오는 행위이기에, 그것은 실존적 행위인 것이다.

이데올로기의 대립이 낳은 6.25는 승리가 생존이고 죽임이 생존인 상황 속에서 다른 선택의 여지를 허용하지 않는다. 선다형(選多型)이 아니라 양자택일형(兩者擇一形)이 된다. 선택지의 양극단과 더불어 사람들의 마음도 닫히고, 좁혀진다. 마음이 닫히면 더불어 세상도 닫히고 좁아진다. 선우휘가 온몸으로 동참했던 전쟁의 50년대는 총체적으로 닫힌 세상이었다. 그러나 더러운 연못 속에서 연꽃이 피어나듯이, 이 닫힌 세상을 열어젖히는 사람이 있다. 닫힌 세상에 연민을 보내고, 닫힌 세상에서 살아감을 고뇌하고, 열린 세상을 그리워하는 유마(維摩) 거사가 있다. 그런 희망이 있다. 선우휘의 소설쓰기는 닫힌 세상을 열어젖히는 일이었고, 유마의 비원(悲願)을 실천에 옮기는 일이었다. 그의 '가장 절실한 문제'는 닫힌 세상을 열어젖히는 일이었다. 이 열어젖힘은 닫힌 세상에서의 그것이므로 스스로의 생명을 걸어 놓아야 하는 것이다.

「상원사」의 김 소위, 「1950년대의 고뿔감기」의 김 경위 등은 모두 그들이 준수해야 할 명령을 거부하고 있다. 군대에서의 명령, 특히 전쟁 중의 명령은 회의나 거부가 원천적으로 봉쇄된 닫힌 명령임에도 불구하고….

"명령입니다."

그러나 명령이기에 상원사를 소각할 수밖에 없다던 김 소위는 상원사를 불태우기보다는 명령을 어기기를 선택한다. 군법회의에 회부될 각오로 그 일을 결행한 것이다. 이를 통해, 우리는 그만큼의 희망을 갖게 되는 것이다. 한편, 한암 스님에게도 명령이 있다. 외부로부터 주어진 것이라기보다 스스로의 내부로부터 우러나온 복종의식이 있었던 것이다. 명령과 명령, 복종의식과 복종의식의 대립 사이에서 김 소위가 받은 명령은 한암 스님이 받은 명령을 넘어서지 못한다. 아니, 넘어서지 않는다. 출세간의 명령 앞에 세간의 명령이 경의를 표한 것이다. 그 결과 상원사는, 아니 우리들 마음과 세상은 전소(全燒)되지 않고 여백을 남긴다. 조금은 열리게 된다.

폭력에 맞선 비폭력

「상원사」는 김 소위의 자아와 세계의 대결이라는 플롯(plot) 속에서, 김 소위의 회심을 통한 닫힌 세상 열어젖히기가 그려지고 있다. 이는 자아와 세계의 아름다운 화해라고 할 수 있다. 그러나 그 이면에 보다 큰 대결이 놓여 있다. 그것은 한암 스님에게도 자아와 세계는 대결하고 있다는 점이다. 김 소위의 회심과 닫힌 세상 열어젖히기는 한암 스님의 자아와 세계의 대결을 통해서, 김 소위 스스로 새로운 각성을 얻게 된 결과이다. 이렇게 읽을 때, 한암 스님 역시 매우 중요한 등장인물이 되는 것이다.

전쟁은 피 젖은 육체와 육체의 향연이다. 물질과 물질의 대결이다. 거기에 어떤 정신적인 것이 끼어드는 것을 애당초 전쟁은 싫어한다. 김 장군은 불상(佛像)의 존재의의에 대해시 의혹한다.

"이것은 하나의 쇠뭉치에 지나지 않는 것이 아닌가."

맞다. 본래 불상은 쇠뭉치에 지나지 않을지도 모른다. 쇠뭉치를 부처님으로 승화시켜 주는 사람들의 따스한 마음이 없다면 쇠뭉치는 고작 쇠뭉치에 머물고 말지도 모른다. 쇠뭉치조차 부처님으로 모실 수 있는 데서 사람도 부처님으로 모실 수 있게 된다. 이것이 불교다. 전쟁은 불교와는 반대의 길을 걷는다. 부처님을 다시 쇠뭉치로 만든다. 4차원의 정신을 1차원의 물질로 되돌려 놓는다. 부처님도 쇠뭉치에 지나지 않는데, 하물며 보통의 사람들이겠는가. 김 장군에게 같은 논리로 사찰 역시 "거대한 하나의 엄폐물"에 지나지 않는 것이다. "적이 사찰을 이용해서 이쪽에게 손실을 강요할 때 말하자면 사찰은 흉기"라고 말하고 있다.

 6.25 당시 장교로 종군했던 작가 선우휘는, 아니 우리들 누구도 이러한 논리에 일말의 타당성을 인정하지 않을 수 없을 것이다. 현실적으로 "작달막한 키의 늙은 스님"인 한암 스님이 이러한 김 장군의 논리에 어떻게 할 도리가 없었음은 당연했을 것이다. 더구나 전시가 아닌가. 피할 수도, 거부할 수도 없었다. 포화가 덮쳐도 엎드려 솔곳이 그대로 맞을 수밖에 없다. 그렇다고 해서, 김 장군의 논리를 그대로 수용할 수는 없다. 한암 스님의 선택지는 매우 좁아질 수밖에 없었으리라. 스스로를 죽임으로써 스스로를 지켜야 한다. 가사를 걸치고 법당에 가서 가부좌를 틀고 합장한 채, "이제 불을 지르시오"라고 말한다.

선우휘(1922~1986)

 행동문학을 추구한 작가 선우휘의 눈에, 이 장면은 실존의 내 어딘지는 행동이며 참여임에 틀림이 없었으리라. 그리고 거기에서 그는 닫힌 세상을 열어젖히려는 몸짓을 본 것이다. 그런데 나는 이 장면에서 인도의 마하트마 간디(Mahatma Gandhi, 1869~1948)를 느낀다. 무저항(ahiṁsa)의 실천을 본다. 무저항은 이런 것이다. 폭력에 대한 반응으로서의 폭력은 무저항이 아니다. 나를 죽이려 하면, 비록 그것이 부당한 줄 모르지는 않지만, 죽어 줌으로써 그 부당함에 항거하는 것이다. 물론, 그러한 불의한 폭력에 대하여 미움이나 원망하는 마음을 갖지도 않는다. 김 장군의 논리를 파괴시키지는 못하지만, 그것이 정의롭지 않음을 한암 스님은 스스로의 사신행(捨身行)으로 보여 준다. 간디는 비폭력이 폭력보다 강하다고 부르짖었다.

> 그리고서 한암 스님은 꾸욱 한 일자로 입을 다문다. 법당은 다시 깊고 깊은 침묵 속으로 빠져들어 갔다. 김 소위는 선 채로 물끄러미 한암 스님을 굽어보았다. 세차게 피어올랐던 가슴의 불길이 차차 가라앉으며 끝내는 사라져 버리는 것 같은 것이 이상했다.
> 이제 자기는 한암 스님을 어떻게 할 수 없다는 생각이 그의 마음을 사로잡았다. 스님은 그대로 돌이 되어버렸다. 김 소위는 그렇게 느껴졌다. 자기의 비력은 어림도 없고, 어떠한 힘도 이제 한암 스님을 이 법당마루에서 떼어 놓을 수는 없을 것만 같았다.

김 장군의 힘도 한암 스님의 무저항을 이길 수는 없는 것이었다. "어떠한 힘"도 이길 수 없는 힘이 작달막한 키의 늙은 스님에게서 나올 수도 있음을 김 소위는 깨달았던 것이다. 그러나 김 소위의 등 뒤에는 그의 소대원들, 김 장군의 논리에 충실한 군인들이 지켜보고 있다. "소대장님, 그까짓 거 그대로 질러 버릴까요?"라고 채근하는 그들이 있었던 것이다. 50년대를 지배하는 그와 같은 군인들의 논

상원사 195

리에 대한 타협책이었을까? 끝내 법당 문짝만 태우고 돌아온 김 소위의 행동이 갖고 있는 의미 역시 더욱 크게 보이는 것이다.

이렇게 한암 스님의 닫힌 세상 열어젖히기는 김 소위에게, 김 소위의 닫힌 세상 열어젖히기는 작가 선우휘에게, 작가 선우휘의 닫힌 세상 열어젖히기는 우리들에게 전해져 오고 있는 것이다.

닫힌 세상에서 열린 세상으로

「상원사」를 포함해서 닫힌 세상 열어젖히기를 지향하는 선우휘의 소설은 그들 주인공들이 각각 한 개인의 존재로 나타난다. 아니, 선우휘는 한 개인의 행동이기에 더욱 깊은 공감의 눈길을 보내고 있는 것이다. 그렇다면, 우리는 한 개인의 닫힌 세상 열어젖히기에서 어떤 의미를 찾을 수 있을까. 개인은 집단 앞에서 언제나 무력한 존재에 지나지 않기에 이러한 회의가 일어나는 것이다.

한암 스님의 무저항이, 또는 김 소위의 행동이 어떤 현실적인 의미를 우리에게 준다는 말인가? 한암 스님이나 김 소위가 그렇게 행동했다 해서 전쟁이 끝났던 것도 아니고, 동족상잔의 비극이 단축되거나 축소된 것도 아니고, 닫힌 세상이 열린 세상으로 변화된 것도 아니잖은가? 그렇다. 작가도 독자도 그렇다고 대답할 수밖에 없는 것이다. 이 물음은 근원적으로는 선에 대한 물음으로 전환될 수 있다. 한암 스님이 불출동구(不出洞口)한 의의가 어디에 있는지를 묻는 물음으로 바뀔 수도 있는 것이다. 이 물음에 작가는 어떤 대답을 마련하고 있을까?

> 독자들도 애써 그를 찾지 말기 바란다. 다만 한번 오대산을 찾는 일이 있으면 새로 지어진 월정사를 구경한 곁들이로 상원사로 찾아들어 그윽한 범종소리에 귀를 기울이며 누구의 잘잘못을 따지는 것이 아니라 6.25 때 어떻게 되어서 월정사는 타고 상원사는 타지 않고 남았는가를 이 바쁜 세상에 오래도 말고 잠깐 동인만 생각해 봐 수었으면 한다.

「상원사」를 끝내면서 작가가 덧보태는 이야기이다. "이 바쁜 세상에 오래도 말고 잠깐 동안만 생각해 봐 주었으면 한다"는 이 말이 작가 선우휘가 제시하는 대답이다. 나는 똑같은 문제에 대해서 이청준의 「흐르는 산」이 제시하는 대답에 보다 공감하고 있다. 불만이긴 하지만, 선우휘의 대답 역시 의미가 없는 것은 아니다. 돈 버느라, 명예나 권력을 추구하느라, 혹은 사랑을 찾아다니느라 바쁜 요즘의 우리에게 50년대의 한암 스님은 묻고 있는 것이다. "삶이란 무엇인가, 어떻게 살아야 하는가?"라는 문제를 되묻게 함으로써, 나날의 일상 속에 매몰되지 않을 수 있다면, 한암 스님의 삶 역시 두고두고 의미가 있으리라는 생각에서다.

한암 스님이 오늘의 바쁜 세상을 바꿀 수는 없을 것이다. 그렇지만 한암 스님과 같은 분의 존재가 없었다고 한

오대산 상원사

다면, 바쁜 세상을 살아가는 우리들은 돌아가야 할 고향을 갖지 못한 이방인으로 떠돌고 말지도 모른다. 선우휘의 작품에 나오는 한 개인들은, 비록 개인이긴 하지만 우리 모두의 원초적 모습으로 다가온다.

(『방한암선사』, 민족사, 1995)

한 개인의
닫힌 세상 열어젖히기 —인도편

●●●『몬순』
(쿠쉬완트 싱, 혜문서관, 1992)

쿠쉬완트 싱(Kushwant Singh, 1915~) 지음, 정성호 옮김, 『몬순』(Train to Pakistan)을 읽다. 인도소설로서, 현대 인도 문학의 중요한 성과로 손꼽히고 있다. 1954년에 'Grove Press Award'를 수상한 작품이다. 작가는 시크교도가 인구의 대부분을 차지하고 있는 펀잡(punjab)주 출신의 시크교도로서, 작가·언론인·정치가 등으로 다양한 사회활동을 하였다.

현대 인도사의 비극을 배경으로

1947년 영국으로부터 독립한 인도는 힌두교와 회교의 갈등으로 내홍을 앓게 된다. 같은 해 파키스탄 역시 분리·독립하였다. 이 와중에서 인도와 파키스탄의 분리 독립을 반대하며 이슬람을 포용코자 했던 마하트마 간디 역시 우익 힌두교도의 총을 맞고 죽게 된다. 역사는 이렇게

만 서술해도 된다. 우리 역시 대부분 이 정도로 알고 있다. 한 줄로 정리될 역사 속에 실제 얼마나 많은 사람들의 피가 요구되었는지, 얼마나 많은 사람들의 눈물과 신음이 희생으로 바쳐지는지 역사는 기록할 길이 없다. 문학은 그러한 역사서술의 틈새를 메워주면서 그렇게 하찮을 수도 있는 이야기들을 기록하는 몫을 떠맡기도 한다. 특히 소설은 그러한 역할을 담당하기에 알맞은 장르라 할 것이다. 인도로부터 파키스탄이 분리되는 과정에서 일어난 여러 이야기들을 기록하는 역할을 『몬순』은 충실히 하고 있다.

1947년 여름, 인도 서북부 편잡 지방의 한 작은 마을 '마노 마즈라'가 이 소설의 시간적·공간적 무대가 된다. 마노 마즈라는 강만 건너면 파키스탄 영토, 국경에 있는 마을로 기차역이 있다. 약 70가구가 사는 이 작은 마을에 살인사건이 일어나면서 이야기는 시작되지만, 이는 그다지 중요한 일이 아니다. 다만 이 소설의 결말 부분에서 주인공 쥬거트 싱이 담당할 역할을 더욱 극적으로 만들기 위해서 사전에 예비하는 것일 뿐이다. 비록 도둑질과 살인 전과가 있다고 하더라도, 쥬거트 싱은 억울하다. 그는 마을에서 일어난 살인사건과 아무 관련이 없기 때문이다. 그 시간에 그는 교외에서 애인 누란을 만나 사랑을 하고 있었던 것이다. 그러나 말리를 대장으로 한 범인들이 피해자 집에서 훔쳐온 팔찌를 쥬거트 싱의 집 마당에 던져두었기 때문에 누명을 쓸 수밖에 없다. 쥬거트 싱이 붙잡혀 가던 날, 델리에서 온 이크발 싱이라는 이름의 영국유학파 사회사업가 역시 체포된다. 그는 이 혼란스러운 시대를 위해서 무엇인가 의미 있는 일을 하라는 당(인도인민당)의 명령을 받고 델리에서 파견되어 온 것인데, 시크교 사원에 짐을 풀자마자 연행된다. [시크교는 이슬람 전래 이후 힌두교와 이슬람교가 융합하여 생긴 인도의 종교이다. 시크(sikh)는 제자라는 의미로, 교조 이래 그 종교의 최고지도자를 구루(guru)라고 불렀다. 인도 인구의 약 3%를 차지하며, 그 대다수가 서북 국경 펀잡주에 거주한다. 남자는 머리에 터번을 쓰는 것으로 시크교도임을 표시한다.] 이크발 싱이 체포된 이유는 사실 막연하다. 그가 살인사건의 범인이 아니라는 것은 경찰도 아는 사실이다. 경찰은 그와 함께 같은 기차를 타고 왔기 때문에 그의 알리바이를 누구보다 잘 알 수 있다.

파키스탄으로부터 힌두교도의 시체를 가득 실은 기차가 도착하면서 긴장은 고조된다. 그것도 두 번씩이나 기차가 왔다. 뿐만 아니라 몬순으로 불어난 강에 수많은 시체가 떠내려 온다. 사지가 잘리거나, 창자가 튀어나오고, 여자의 젖가슴이 도려내진 시체들…. 마침내 마노 마즈라 마을에 있던 회교도들 역시 파키스탄으로 옮겨가야 할 처지가 된다. 그중에는 쥬거트 싱의 애인 누란 역시 포함된다. 누란은 회교도로서, 족장인 이맘 바크시의 딸이다. 그러니까 시크교도(시크교는 카스트제도를 반대하는데, 카스트가 이름에 나타남을 방지하기 위해서 모든 시크교도의 성은 반드시 '사자'라는 의미의

'싱'으로 성을 삼는다)인 쥬거트 싱과는 종교를 초월한 사랑을 하고 있었던 것이다. 파키스탄으로 떠날 기차는 지나는 마을마다 정차하여 많은 회교도들을 싣게 된다. 그리고 밤 12시에 마노 마즈라를 통과하게 된다. 무사할 수 있을까? 저쪽에서는 시체가 실린 기차가 왔지 않은가? 마치 홍위병과 같은 어린 소년병, 시크교 소년병은 마을 사람들을 선동하여 학살을 준비한다. 눈에는 눈, 이에는 이로 갚겠다는 것이다. 흔히 6.25 기록 사진에서 보는 것처럼, 기차 지붕 위에 가득 올라탄 회교도 피난민들이 땅에 떨어지도록 철로를 가로지른 밧줄을 걸어놓는다. 그렇게 땅으로 떨어진 사람들은 창이나 검으로 죽이고, 객실 안의 사람들은 어둠 속에서 기차 안으로 총을 쏘아서 죽인다는 작전이다.

경찰이라고 이러한 작전을 모를 리 없다. 그런데 말릴 생각은 별로 없다. 그 같은 학살이 일어나지 않으면 좋지만, 그렇다고 해서 경찰이 나서서 이쪽 사람들을 말리거나 붙잡을 생각은 없다. 묘수는 없는가? 치안판사 후컴 찬드는 쥬거트 싱과 이크발 싱을 풀어주고 마노 마즈라 마을로 돌아가게 한다. 마을로 돌아온 쥬거트 싱은 그 계획을 알게 되고, 그 기차에 타고 있는 누란을 살리기 위해서 어둠 속에 걸쳐 있는 밧줄을 끊는다. 종교 간의 대립을 넘어설 수 있는 것은 사랑의 힘뿐이다.

> 기차가 그에게 가까이 다가왔다. 그때 그에게 총알 세례가 퍼부어졌다. 사나이의 몸뚱이가 경련을 일으키며 무너져 내

렸다. 그가 떨어지면서 밧줄의 가운데가 툭 끊어졌다. 기차는 그의 위를 지나 파키스탄을 향해 계속 나아갔다.

싱은 죽음으로 애인 누란을 살리고, 많은 회교도들을 살렸다. 뿐만 아니라 장차 회교도들의 보복으로부터 희생당할 수많은 힌두교도와 회교도들을 살렸다.

『몬순』과 「상원사」

이 소설을 읽으면서, 나는 다시 한암 스님이 생각났다. 작가 선우휘가 쓴 소설 「상원사」의 주제의식과 유사함을 느꼈기 때문이다. 공히 '한 개인의 닫힌 세상 열어젖히기'라고 할 수 있기 때문이다. 「상원사」보다도 『몬순』이 더욱 극적이라고 생각된다. 그 까닭은 「상원사」가 국군과 한암 스님이라는 비적대적 관계 속의 대립인 데 비하여, 『몬순』은 시크교도와 회교도 사이에 대량학살이 행해지는 적대적 관계 속에서의 대립이기 때문이다.

작가 쿠쉬완트 싱은 그 이름이 가르쳐 주듯이 시크교도이며, 『시크교의 역사』(A History of the Sikhs)·『시크 왕국의 몰락』(The Fall of the Sikh Kingdom) 등과 같은 시크교 관련 저술을 갖고 있는 지식인이다. 그런 그는 이 소설 속에서 여러 유형의 시크교도들을 등장시키고 있다. 우선 이크발 싱이 머물렀던 시크교 사원의 부제인 미트 싱은 온건하고 덕 있는 성직자이다. 그 반대편에는 회교도에 대한 강경한 응징을 주장하고 실행하는 소년병과 그를 따르는 살인강도 말리가 있다. 그러나 비상시에는 언제나 강경파가 국면을 주도하기 마련이다. 부제 미트 싱은 현실 속에서 아무런 힘을 발휘하지 못한다. 함께 경찰서에서 풀려난 이크발 싱과 쥬거트 싱 역시 여러 점에서 대조적이다. 많은 지식을 갖추고 있으며 거창한 꿈을 꾸고 있는 이크발 싱과 도둑놈에다가 살인의 경력까지 갖고 있는 무식한 쥬거트 싱. 그러나 이크발 싱 역시 상황을 파악하고 있으나 할 수 있는 일은 별로 없다. 아니, 본래 그가 할 수 있는 일이라고는 변비에 걸려 있는 인도의 사회와 종교 등에 대해서 비판적 분석을 내놓는 것뿐이다. 결국, 행동하는 양심은 무식하고 죄 많은 도둑놈 쥬거트 싱뿐이었다. 그런 의미에서 악동에게도 선한 측면이 숨어 있음을 드러내는 악동소설로 볼 수도 있을까? 이를 통해서 작가는 지식인의 허위의식을 비판하며, 건강한 민중의 의식을 강조하고 싶었는지도 모르겠다. 아니, 어쩌면 진정한 시크교의 모습을 그려보고자 했는지도 모른다.

 제목은 원제 그대로 옮겨서 『파키스탄행 열차』라고 했으면 더 좋았을 것 같다. 같은 저자의 소설 『델리 1, 2』(황보석 옮김, 문이당, 1993)도 번역되어 있다. 인도 서점에 가면 작가 쿠쉬완트 싱의 소설을 많이 볼 수 있는데, 다음에는 좀 구해 와야겠다.

산과 물의 변증법

● ● ● 「흐르는 산」
(이청준, 문학사상사, 1987)

이청준은 우리 소설 문단의 정상에 자리하고 있는 작가 중 하나이다. 영화 〈서편제〉 역시 그의 소설을 각색한 것임은 익히 알려져 있다. 그런 그에게 몇 편의 불교소설이 있어서 관심을 끈다. 그중 나의 가슴에 오래 남아 있는 작품이 단편 「흐르는 산」이다.

제11회 이상문학상 수상작품집 『우리들의 일그러진 영웅』(문학사상사, 1987)을 통해서 나는 이 소설을 처음 읽었다. 이 「흐르는 산」은 추천 우수작이었다. 그 뒤 다시 이청준 소설집 『키 작은 자유인』(문학과지성사, 1990)에도 재수록된다. 나는 문학은 잘 모른다. 다만 이 작품을 통해서 불교 이야기를 해 보고 싶을 뿐이다.

일제시대 한 사찰의 풍경

일제시대 말엽, 해방 직전. 대원사(大願寺)라는 절이 소설의 공간이다. 대원사의 큰스님, 무불(無佛) 스님은 장좌불와

(長坐不臥)한다. 장좌불와는 잠을 자지 않고 밤새 참선을 하는 것. 수면은 인간의 다섯 가지 기본적 욕망(五欲樂) 중의 하나이며 자연적 생리가 아닌가. 단 하루도 잠을 못 자면 고통스럽고, 그래서 잠을 재우지 않는 일이 가장 잔인한 고문이라 하지 않는가. 그런데 무불 스님은 잠시도 자지 않고 밤새 참선을 하고 있다.

무불 스님과 대립하는 인물이 도섭(南道燮)이다. 도섭은 간척공사장의 노동자였다. 그러나 일본인 감독관에게 심한 수모를 당하자, 감독관 '여편네의 잠자리로 기어들어가 치욕을 되갚아' 준 죄로 도망 다니는 처지이다. 3년여를 떠돌아다니다 무불 스님에게 온 것이다.

일제 말엽이라 시국은 더욱 급박하게 돌아가고 대원사로 찾아드는 사람들이 늘어난다. 하지만 도섭은 이들이 마땅치 않다.

> "요양을 합네, 공부를 하러 왔습네, 구실들은 많았지만 도섭의 눈에는 도적질이 아니면 생사람을 해치고 쫓겨 온 죄인쯤으로만 보였다."

무불 스님이 정녕 잠을 자지 않는지를 지켜보느라 잠을 잊은 덕분에 도섭은 밤 순찰을 돈다. 그러다 보니 경찰의 동정을 미리 알아서 이들 숨어 사는 이웃들을 도피시킬 수 있었다. 그렇게 숨바꼭질을 하다가 해방을 맞이한다.

선에 대한 의문들

「흐르는 산」은 3부로 구성되어 있다. 작가는 한 행(行)을 띄움으로써 그러한 점을 암시해 두었다. 제1부는 무불 스님의 장좌불와에서 비롯된 도섭의 의문과 무불 스님의 대답이다. 다섯 번의 문답이 이어지는데, 무불 스님의 대답에도 불구하고 도섭의 회의는 여전하다. 제1부에서 도섭과 무불 스님은 갈등·긴장·대립한다. 제2부와 제3부는 이같은 갈등·긴장·대립을 풀어 가는 과정이다. 그래서 제1부를 문제의 제기라 할 수 있다면, 제2부와 제3부는 문제의 풀이라고 할 수 있다. 제2부에서는 경찰의 사냥놀이와 도섭의 밤 순찰·도피가 그려지며, 제3부에서는 해방과 그로 인한 회의의 해소가 그려진다. 해방으로 도섭은 산의 흐름을 깨닫게 되는 것이다. 잠을 자지 않다니! 그것이 가능한가? 도섭의 회의는 여기서 비롯된다. 무불 스님을 믿지 못하므로 무불 스님을 지켜보아야 했던 것이다. 밤을 새워 가며 무불 스님을 지키는 도섭은 다섯 가지를 묻는다. 이 중 가장 중요한 질문은 세 번째 질문이다.

> "스님께서 여기 혼자 그리 아파하고 계신다고 세상 아픔이 조금이나마 줄어듭니까?-그렇게 혼자만 아파하시느라 세상 제도는 언제 하십니까?"-도섭의 다소 당돌한 질문에 스님이 대답한다. "산이 높아야 물이 멀리 흐르는 법이니라."

무불 스님과 도섭의 대립은 산과 물의 대립이다. 산은

깨침을, 물(흐름)은 중생을 각기 상징하고 있다. 그러므로 도섭의 질문은 깨침을 중시하고 우선시하는 종교인 불교, 그중에서도 선(禪)에 대한 의문으로 읽힌다. 혹은 산중불교에 대한 세속의 도전이라 말해도 좋을 것이다. 사실 이러한 질문은 중국에 불교가 전래되었을 때부터 유교 쪽에서 제기하였고, 조선시대 유교가 불교를 배척할 때 역시 그러한 논리에 의존했었다. 그뿐만 아니다. 오늘날에는 기독교 및 서양의 문명이 불교에 대해 제기하고 있는 질문이다. 불교, 특히 선에 사회윤리적 관심이 있느냐? 불교는 비사회적이고, 따라서 오늘과 같은 대중사회에서는 부적절한 종교가 아닌가, 하는 힐난 섞인 물음이 그것이다.

산이 물로 흐르고

무불 스님의 대답은 중국 선종의 5조 홍인(弘忍, 601~674)을 비롯한 여러 선사들이 내놓은 정답의 되풀이이다. 홍인이 제시한 대답을 보도록 하자.

> 어떤 사람이 물었다: "도를 배우는데, 왜 도시의 촌읍(村邑)에서 하지 않고 꼭 산중에서 하지 않으면 안 됩니까?"
> 홍인은 답했다: "훌륭한 집을 지을 목재는 원래 심산계곡에서 나오는 법, 세간에 있지 않다. 멀리 사람들로부터 떨어져 있기 때문에 칼이나 도끼에 상하는 일 없이, 하나하나가 좋은 재목으로 자란 후에 꼭 필요한 곳에 동량으로 사용할 수 있다. 따라서 정신을 산림유곡에서 주거하며, 시끄러운

속진(俗塵)을 피하여 본성을 산중에서 양육시켜 속사(俗事)를 끊어버려야 한다. 눈앞에 일물(一物)도 없어졌을 때, 마음은 스스로 안녕하게 되어 여기서부터 도의 나무가 꽃을 피우고, 선림(禪林)은 과실을 맺게 되는 것이다."[정성본,『중국 선종의 성립사 연구』(민족사, 1991), pp.302~303]

높기도 전에 흐르려 한다면 참된 흐름이 될 수 없다. 그럴 가능성이 높다. 물은 분별없이 흐르는 것이 아닌가. 분별없는 무심(無心)의 자리에 이르러서, 세속의 흐름 속에 침몰되지 않는 푸르른 기상을 가져야 한다는 것이다. 그런 뒤 인연을 따라서 저절로 세상을 제도한다는 논리이다. 그런데도 의혹은 쉽게 멈추지 않는다. 산이 높아지기만 하면 흐름은 저절로 멀리멀리 흘러가는가? "인연의 강물로 흘러갈 것이다" 했지만, 그 인연은 도대체 무엇이란 말인가? 이런 의혹은 여전히 도섭의 가슴속에 남게 된다.

해방이 되고, 도섭이 산을 내려와 읍내로 들어서는 날.

읍내 장터에는 사람들이 몰려들고 있었다. 장터로 몰려드는 사람들의 흐름. 거기에서 그 흐름을 이끌고 있는 사람들은 낯익은 얼굴들이 아닌가. 바로 무불 스님의 장좌불와하는 무릎 아래서 엎드려 지내던 '죄인들'이었다. 순간, 도섭은 깨닫는다.

"그래, 저들로 산이 흐른 거다. 저들로 하여 스님의 산이!"

선 자체에 사회윤리적인 관심과 실천이 없다고 한다면,

결국 선은 소승이 아닌가? 중생과의 관련성이 없는 종교는 존재할 수 있는가? 이런 곤혹스런 문제들을 앞에 두고 나는 「보조선(普照禪)의 사회윤리적 관심」이라는 제목으로 한 편의 논문을 쓴 일이 있다. 그 긍정적 가능성을 보조 지눌(普照知訥)의 선사상을 중심으로 살펴본 것이었다. 그 뒤에 이 「흐르는 산」을 읽었다.

그런데 내가 논문을 통해서 애써 변명했던 논리를 「흐르는 산」은 재미있게 이야기로 나타내고 있지 않은가. 내 논문을 읽은 사람들이 얼마나 될까? 이렇게 소설 한 편이면 되는 이야기를…. 어쩌면 더 짧은 시 한 편으로 가능할지 모른다. 이것이 문학의 힘 아닐까. 이렇게 좋은 소설 한 편은 단순히 재미있는 이야기로만 머물지 않는다. 우리 삶의 텍스트인 것이다.

그곳에 절이 있는 까닭

● ● ● 「小說家의 일」
(최학, 『현대문학』, 1994)

도를 보고 산을 잊어라

최학, 「小說家의 일」을 읽다.

대학교수이자 소설가인 '나'는 방학을 맞이하여 절로 들어간다. 소설을 쓰기 위해서다. 그런데, "절간에만 들면 저절로 소설이 써질 줄 알았"(p.128)던 것이 헛된 기대였음을 이내 깨닫게 된다. "번잡하고 바쁠 적에는 번잡하고 바빠서, 그리고 고요하고 한가할 적에는 너무 고요하고 심심해서 소설을 쓰지 못하"고 만다.

결국, 절 생활에 익숙해지면서 절에 사는 대중들-주지 스님, 입대를 앞둔 주지 스님의 동생 세열, 공양주 보살님, 그리고 절에서 자란 병철-의 일상을 들여다보게 되는 것이 일처럼 된다. 절에 사는 사람들이 하나같이 세속적인 인물임을 깨닫게 된다. 기대 밖의 일이다. 주지 스님 역시 종단개혁을 소리 높여 외치지만 아침예불에는 참여하지도 않으며, 주말이면 자가용을 몰고 출타하는 이중성(二重性)을 보어 준다. 그럼, 소설가인 '나'는 독야청청했느냐? 그런 것도 아니다. 소설은 전혀 쓰지 못한 채, 세열의 부탁으로 연애편지를 대필해 주거나, 그 결과 절로 찾아온 은지에 대해서 쓸데없는 환상을 품기까지 하는 것이다. 결국, 그 같은 환상은 깨어나야 할 환상일 터, 소설가인 "나는 내일 아침 내 작고 낡은 자동차로 이 산중을 온전히 벗어날 수 있"기를 기대한다. 동감이다. 그것이 오히려 진정 출가의 길일 수 있을 것이다.

이 작품의 표층 의미는 세속을 벗어난 산중 역시 세속이라는 것이다. 그렇지만 그 심층 의미는 "진정한 출가는 무엇인가?"라는 물음을 우리에게 던지고 있는 것으로 읽힌다. 출가, 그것은 공간의 이동인가? 공간만 이동하면 소설도 잘 써지고, 깨달음도 금방 얻을 수 있는 것일까? 보통 우리는 그렇게 기대하고 있다. 그러나 「小說家의 일」은 그것이 그렇게 간단하지만은 않음을 말하고 있는 것 아닌가. 그 대책까지는 제시하고 있지 못하지만, 그것은 소설가의 일이 아닐는지도 모른다.

여기서 나는 영가 현각(永嘉玄覺, ?~713) 선사의 편지글 1편을 떠올린다. 영가 현각의 길벗 좌계 현랑(左溪玄朗, 673~754) 대사는 편지(「산거서」(山居書), 『치문』)를 보내서 영가 현각을 청한다. 이 좋은 산속에 들어와서 같이 살자는 것이 요지. 아름다운 우정이다. 이에 대한 거절의 답장을 통해 영가 현각은 우리들의 문제에 대해서도 명쾌한 해답을 제시한다.

> 먼저 도를 알고 뒤에 산에 머물러야 하는 것이니, 만약 도를 알지도 못하고 먼저 산에 머무는 자는 다만 그 산을 볼 뿐이며, 반드시 그 도는 잊게 될 것입니다. 오히려 반드시 그 산을 잊어야 하는 것이니, 산을 잊으면 도성(道性)이 정신을 기쁘게 할 것이며, 도를 잊으면 산 그 자체가 눈을 현혹케 할 것입니다. 그러므로 도를 보고 산을 잊는 자에게는 인간의 세상 역시 고요한 세상이 될 것이며, 산을 보지만 도를 잊는 자에게는 산중이라 해도 역시 번거로운 세상이 될 것입니다.

또 하나 느낀 것은 근래 우리 소설의 무대가 되는 절은 해인사나 송광사 같은 큰 절이 아니라 산골의 작은 절이라는 것이다. 작가들의 상상력이 틈입할 수 있는 문학적 공간은 주지 스님, 공양주 보살, 기타 인물 한 둘 정도가 사는 작은 절이 보다 제격일 것이다.

상처 입은 그대, 절로 오라

김형경, 「민둥산에서의 하룻밤」과 은희경, 「그녀의 세 번째 남자」(『그는 언제 오는가』 제28회 동인문학상수상 작품집, 조선일보사, 1997)를 읽다.

두 작품 모두 사찰과 연관이 있다. 절은 어떤 의미를 갖는가, 어떤 의미의 공간인가, 세상(世間)만 있고 절(出世間)이 없다면 어떻게 될까?

세상 사느라 상처 입은 사람들이 찾아야 할 곳, 그래서 휴식하고 구원받을 곳이 없게 될 것이다.

이혼한 부부나, 부적절한 관계를 8년이나 맺어온 '그녀'(노처녀)가 찾아간다. 그리고 거기서 마음을 열거나(開心), 또는 바꾸고(改心) 다시 '서울'로 돌아오게 될 것이다.

은희경의 소설 속에서는 '천도재'의 의미가 중요하게 다가온다.

최인호의 「산문」에 나오는 천도재가 태아의 천도, 즉 죽은 자의 천도라면 은희경의 「그녀의 세 번째 남자」에 나오는 천도는 사진의 천도, 산 자의 천도, 부적절한 관계의 소각(燒却)이다.

「그녀의 세 번째 남자」는 미래의 남자, 이상의 남자-미륵과 같은-에 대한 '희망 찾기'이다.

(1998년 9월 13일)

잃어버린 풍경,
혹은 내버려야 할 초상?

● ● ● 〈바다꽃 이야기〉

(바라티 라자, 인도, 2000)

"선생님, 스폰지 하우스에서 인도영화제 해요."

교양과목 "인도사회와 불교"를 수강하는 한 여학생의 목소리다. 고마운 일이 아닐 수 없다. 보람을 느낀다. 학생들이 이제 인도에 대해서 좀 더 많은 관심을 가지게 되었음을 보여 주고 있기 때문이다.

주말이면 남몰래(?) 행하는 내 주간행사인 영화보기, 이번에는 인도영화로 결정한다. 영화라는 작은 창으로나마 인도를 함께 느끼자고 정우서적 우천 선생을 초대한다.

사실, 나는 인도영화에 아직 익숙한 편이 아니다. 우선 그 긴 상영 시간을 견디기 힘들다.

"중간에 좀 쉬어요?"
"아뇨, 인터미션(intermission) 없어요."

역시, 인도사람들이 전반전 끝나고 가지는 차 마시는 시간이 없단다. 148분, 어휴~. 조금은 걱정스런 마음으로 마음을 다잡는다.

누이의 행복 찾아 주기

인도의 어느 풍경. 정확히 어딘지는 모르지만, 고아(Goa) 어디쯤이 아닌가 싶다. 거대한 성당이 배경으로 등장하는 어촌이다. 고아는 일찍이 포르투갈 세력이 들어왔으므로 가톨릭이 성한 지역이다.

그렇다고 평화롭고 고요한 어촌은 아니다. 평화와 고요보다는 적지 않은 역동성을 거기에서도 느낄 수 있다. 물질적으로 풍요롭게 살아보려는 움직임, 자신은 어촌에서 평생을 썩어도 내 사랑하는 가족(누이동생)만은 교육 받고 잘 사는 도시인에게 시집보내고 싶어 하는 근대적 욕망이 거기에도 꿈틀거리고 있다.

각기 누이동생을 둔 두 남자, 카루티아와 피터. 형제보다 더한 우정을 나누는 친구 사이다. 카루티아는 누이동생을 도시로 시집보내기 위해서 중매를 넣는다. 찾아 온 도시의 남자는 예쁘고 조신한 카얄을 마음에 들어 한다. 예비 시어머니는 '누이동생을 위하여', '누이가 쓸', 혹은 '누이가 편리하게 살아갈 수 있도록' 하기 위해서 필요하다는 명목으로 각종 가전제품과 스쿠터 등 다우리(신부지참금, dowry) 목록을 주워섬긴다. 이 다우리는 우리에게도 예물이라는 형태로 조금은 남아 있지만, 인도에서는 훨씬 심각한 사회문제를 일으키고 있다. 아직도 다우리 문제로 자살하거나, 심지어 살해당하는 인도 여성들의 이야기가 보도되곤 한다.

카루티아는 숨어서 눈물을 흘리는 동생 카얄의 마음도 모른 채 정혼을 한다. 그러고서는 지참금을 마련하기 위하여 작은 배를 몰고 바다로 나간다. 태풍주의보가 내렸다. 하지만 카루티아는 돌아오지 않는다. 다행히 그는 『노인과 바다』에 나오는 것처럼, 큰 상어를 두 마리나 잡아서 무사히 귀환한다. 한편, 동생 카얄은 어느새 오빠 친구인 피터에게 마음을 빼앗기고 말았다.

뒤에 앉은 우리의 청춘들이 계속 키득거린다. 나도 웃음이 나온다. 카얄이 사랑을 느껴가는 것을 형상화하는 장면들이 유치하기 때문일 것이다. 우리 같으면 대폭 잘라서 관객이 상상력으로 메워 가도록 할 부분을 인도영화에서는 유치하리만큼 친절히 다 보여 준다. 그러다 보니 시간이 늘어나는 것이다. 하지만, 나는 생각해 본다. 어쩌면 사랑의 본질은 바로 저것이 아닐까. 사랑의 본성이야말로 유치한 것 아니던가.

이야기에 반전을 가져다주는 인물은 소금장수 처녀 우필리다. 우필리와 카얄의 오빠 카루티아는 서로 속마음을 표현하지 않는 사이다. 그들은 아직 이런 사랑을 하고 있다. 우리는 참으로 이해하기 어려울지 모르지만…. 카얄의 마음을 안 우필리는 카루티아를 질책한다. 아버지의 책임을 짊어지고 힘들어 하던 카루티아로서도 누이의 행복 찾기를 도와주기로 결심한다.

친구 피터를 찾아간 카루티아는 카얄과 결혼하기를 청한다.

"그래, 좋다. 그 대신 내 누이 마리아와 결혼해다오."

피터의 대답이다. 맞바꾸자는 이야기다. 그런데, 문제가 있다. 카얄은 순결한 처녀지만, 마리아는 동네를 찾아온 외간남자와 눈이 맞아서 바닷가 바위 사이에서 그예 사건(?)을 일으키고 말았던 '오염된(spoiled)' 여자였다(인도에서 카스트제도를 지탱하고 있는 중요한 관념의 하나가 '오염', '부정 탄다'는 것이다. 이러한 관념이 여성에게 퍼부어질 때 속박의 기제로 작용한다). 이 사실을 안 피터, 그렇다고 누이를 죽이지도 살리지도 못한다. 들었던 돌을 내려놓고, 고민하고 있던 피터에게 카루티아가 마침 찾아온 것이다. 그런데 마리아가 사건(?)을 저질렀던 당시 목격자가 있었으니, 바로 카루티아이다. 얄궂은 운명이다.

하지만, 카루티아가 누구던가. 인도의 남자다. 사랑하는 누이를 위해서 그 제안을 받아들인다. 마치 아버지가 딸을 위해서 모든 것을 다 희생하려는 듯이…. 물론, 마리아 역시 지은 죄(?)가 있으니 카루티아 앞에서 당당하지 못하다.

"용서해라. 카루티아여, 받아들여라."

이제 영화는 관객에게 틈을 주지 않는다. 그 많던 춤과 노래는 다 어디로 갔는지. 이 영화는 흔히 인도영화에서 볼 수 있는 맛살라(조미료)로서의 춤들이 그리 많이 보이지 않는다. 서사 자체의 전개가 긴박해져 가기 때문이다. 유치한 표현에 킥킥대던 우리의 청춘들도, 우천 선생이나 나 같은 이미 한물간 중년들도 다 진지하게 기도하는 마음이 된다. 카루티아가 마리아를 진심으로 받아들여 주기를. 하지만 그게 어디 쉬운 일이던가. 성자가 아닌 범부로서의 바람이다.

다행히, 우리의 주인공 카루티아는 힘들게 그 과정을 이겨낸다. 아내 마리아에게 이미 자기가 모든 것을 알고 있다는 사실을 밝히고서 용서를 한다.

"먹을 것 좀 내오겠소?"

불결한, 오염된 여자에게서 음식을 받아먹는 것조차 불결하다고 생각했던 카루티아. '무늬만의 부부' 관계를 청산하고 아내를 받아들이는 순간이다. 이제 아내가 만든 음식을 먹는다. 잠시, 멈칫거리지만 아내가 해다 준 밥 위에 커리를 비비는 카루티아.

가족에 대한 의무

이쯤에서 영화가 끝나도 좋으련만, 아니 끝났더라면 더 좋으련만, 아직 이어진다. 인도영화는 종합선물세트가 아니던가. 액션이 더 들어가야 한다. 마리아를 내팽개치고 마을을 떠났던 외지인 남자가 마을에 다시 들어오고 이를 알아챈 피터는 그를 죽이려 한다. 외지인 남자를 어선에 태워서 바다로 나간다. 내 동생을 더럽힌(사실 그들이 서로 좋아해서 벌어진 일인데… 결혼 이전의 행위이므로 그렇게밖에 생각하지 않게 된 것이다) 것은 바로 우리 가족에 대한 침해로 받아들이고 있는 것이다. 철저한 가족주의/가부장제다. 형제애, 효, 가족에 대한 의무 등(이러한 모든 관념을 다르마/dharma라는 개념으로 아우르고 있다)을 지키는 것이야말로 인도 남자들의 도리이다. 이런 점에서 나는 불교의 출가를 다시 생각해 본 일이 있다. 중국이나 조선과 같은 동아시아 사회 속에서만 불교의 출가주의가 불효불충의 패륜으로서 정죄되었던 것이 아니라, 실제로 인도에서도 마찬가지로 받아들여질 수밖에 없었음을 밝힌 것이다. 내 논문 「힌두교 전통에 비춰 본 불교의 효 문제」가 바로 그것. 현재 인도는 중국보다도 더 뿌리 깊은 유교적 가치가 살아 있음을 이 영화는 보여 주고 있다. 아니, 유교적 가치관이 아니라 힌두교적 가치관이다. 피터와 마리아 오누이는 그 이름이 나타내듯이 가톨릭 신자이지만 여전히 힌두교적 가치관에 묶여 있는 것이다. 여기서 우리는 힌두교의 윤리가 유교 윤리보다 더욱더 가부장제적임을 알게 된다.

외지에서 온 남자를 사기꾼이라 하면서 죽이려 한 피터에게 카루티아는 말한다.

"너보다 더 큰 사기꾼인가?"

누이의 '부정(不貞)/부정(不淨)'을 알고서도 친구를 속이고 시집을 보낸 죄를 추궁하는 것이다. 그러면서 이제 다 용서하라고 말한다.
두 친구, 아니, 족보가 어떻게 되나? 서로 누이를 아내로 맞이했으니, 원….

용서와 우정이 이 영화의 주제라고 하면서 영화는 막을 내린다. 그런데 실제로 이 용서라는 테마가 힌두적인 것인지 의심스럽다. 오히려 불교적이 아닌가 싶다. 피터식으로 응징하려는 것, 응징에 대한 의무를 강조하는 것이 힌두교의 한 측면이기 때문이다. 어쩌면 카루티아의 용서에는 분명 누이의 행복을 지켜 주려고 하는 의도가 컸지만, "원한을 원한으로 갚지 말라"고 한 『법구경』(法句經)의 가르침에 더 가까운 것이 아닐까 싶기도 하다.

가족애나 우정 등은 이제 우리에게서는 찾아보기 어려운 풍경이 되어 버렸다. 그것은 우리가 아쉬워해야 할 풍경일지도 모르겠다. 하지만 그러면서도 거기에는 우리를 얽어매오던 여러 가지 속박들이 있음도 사실이다. 내다 버려야 할 올가미 말이다. 터무니없이 많이 지불해야 할 결혼지참금 다우리의 존재, 미혼의 사랑을 모두 죄로 보는 관념, 자신의 운명을 자신이 결정할 수 없고 가족의 장(長)에게 맡겨야 하는 여성의 운명 등은 버려야 할 낡은 초상화일 것임이 분명하다. 카루티아와의 결혼의 꿈이 졸지에 날아가 버린 소금장수 처녀 우필리의 순정(카루티아에게서 진정한 사랑의 대상은 마리아가 아니라 자기임을 알고 나서 평생 순결을 지키고 살아가겠노라 맹세하는 그녀. 인도의 남자감독들은 그런 사랑을 여자들에게 요구하는 폭력성을 갖고 있는 것인가? 아니면, 남자라는 동물이 다 그런가?) 역시 내게는 버려야 할 낡은 초상화로 보인다.

지켜야 할 것과 버려야 할 것을 둘 다 갖고 있는 인도, 지켜야 할 것과 버려야 할 것을 동시에 내다 버린 우리. 분명한 것은 인도 역시 버려야 할 것을 버려 가게 되겠지만, 그 속도는 알 수 없다. 그러면서 그들이 지켜야 할 것까지 버리게 될 것인지…. 우리가 걸었던 실패의 길을 용케 피하게 될지, 그대로 따라오게 될지 모르겠다. 역사가 그 답을 보여 주리라 생각되지만, 나로서는 인도가 우리의 시행착오를 밟지 않기를 빈다.

(2006월 11월 26일)

의적인가, 개인적 복수인가?

● ● ● 〈밴디트 퀸〉
(세카르 카푸르, 인도, 1994)

인도영화 〈밴디트 퀸〉을 다시 보다. 여성으로서의 억압, 천민으로서의 억압의 실제를 극단적으로 보여 준다. 11살 때 자전거 1대와 염소 1마리에 팔려서 결혼(?)하는 풀란 데비. '강간'이라고 말할 수밖에 없는 짓을 남자(남편)에게 당하고, 가사노동의 담당자 자리를 박차고 탈출을 감행한다.

귀가(歸家). 우여곡절 끝에 산중, 아니 불모(不毛)의 황폐한 야산에 웅거한 도적의 무리와 합류한다. 이후 도적들로부터도 몹쓸 짓까지 당한다. 다만, 유일하게 같은 계급의 천민 출신인 비크람만은 그녀를 진정으로 아끼고 사랑한다. 풀란 데비가 가졌던 관계 중에서 이해와 사랑 속에서 행해진 것은 비크람과의 그것이 유일하다. 이 영화는 잔인하고 고통스런 폭행 장면은 계속 보여 주면서도, 이 유일하게 아름다울 수 있는 사랑의 장면은 자세히 보여 주지 않는다. 풀란 데비의 고통스런 삶을 은유하는 듯하다.

〈밴디트 퀸〉 전체의 구성은 '윤간→중인환시(衆人環視)→복수'라고 할 수 있다. 잔인한 복수가 펼쳐지지만, 이 영화를 보는 동안은, 그럴 수밖에 없는, 총을 들 수밖에 없는 풀란 데비의 삶에 어느 정도 공감하게 된다. 그러나 영화가 끝난 뒤에는, 정말 그렇게 24명의 상위 카스트 남자들을 죽여도 좋았을까? 죽일 수밖에 없었을까? 회의가 든다. 물론, 나의 이러한 회의는 계급·성·국가 등이 판이함에서 비롯된 것이라는 비판도 있을 수 있겠지만.

이 영화에 의견을 같이하거나 공감하지 못하는 보다 중요한 이유는 따로 있다. 이 영화는 실화라고 하는데, 실제 풀란 데비의 삶이 어떠하였나 하는 것은 논외로 하고 물어보자. 영화 속에서, 풀란 데비는 누구인가? 과연, 이 영화에서 웅변하듯이 의적(義賊)인가? 의적으로 그리려고 했다면, 의적의 필요조건인 활빈(活貧)의 활동이 마땅히 행해졌어야 한다. 다만 풀란 데비가 부하들을 이끌고 어느 마을을 습격하고 약탈하였을 때, 그녀의 손에 움켜쥐고 있던 패물들을 어린 소녀의 손에 쥐어주면서 행복하게 자라라는 축복을 해 줄 뿐이다. 풀란 데비는 분명 어릴 적의 자기 삶을 생각해 내고, 그 소녀는 자기와 같이 되지 않기를 기원했을 것이다. 그러나 그뿐이었다. 활빈의 활동은 없이 다만 성적·계급적 억압과 복수, 그리고 쫓김과 투항의 이야기인 셈이다. 앞서 말한 것처럼, '윤간→중인환시→복수'가 뼈대일진대, 이 영화는 의적 풀란 데비의 영화가 아니라 다만 개인의 복수극일 뿐이다. 단지 그녀가 여성이라는 이유만으로, 천민이라는 이유만으로 그녀의 모든 행위가 곧바로 여성해방과 천민해방으로 연결될 수 있을까? 그 같은 점은 결말 부분에서 투항의 조건으로 제시한 "강간을 하는 자는 처벌한다" 등에서 엿볼 수 있을 뿐인데, 개인적 복수와 결말 부분의 사회 개혁적 조건의 제시 사이에는 비약이 개재하며, 그러한 비약이 관객으로 하여금 감정이입을 어렵게 만들고 있다. 결국, 의적영화를 만들려고 했다면 실패로 끝났음이 분명하다.

끝으로 이 영화는 두 가지 윤리적 문제를 제시한다. 그렇게 많은 사람을 죽여서 얻은 것이 무엇인가? 개인적 복수 이상의 그 무엇이 있다고 하더라도 그것으로 사람을 죽이는 일이 정당화되는가? 이 영화 자체가 그것을 정당화하는 것은 아니지 않느냐고? 그렇다면, '8년 복역 후 석방'을 조건으로 투항하겠다는 풀란 데비의 조건을 받아들인 영화 속 인도정부의 결정 자체는 문제가 있는 것 아닐까?

모든 운동은 희생을 전제로 한다. 풀란 데비의 투쟁과 희생으로 여성, 천민의 지위는 향상된다. 그런 과정에서 풀란 데비가 살인을 했다면, 여성의 억압된 현실이나 여성 지위 향상과는 다른 차원에서 풀란 데비 역시 그에 상응하는 벌을 받아야 하는 것은 아닐까? 그게 선각자, 앞서서 투쟁하는 사람들의 희생일 것이다. 내 생각에는, 그럴 때 운동도 살고 불살생의 윤리도 산다. 그렇다고 해서 현재 인도에서 사회활동(국회의원)을 하면서 지내는 실존 인물 풀란 데비의 삶을 축복하지 않는 것은 아니지만….

TV에서 방영된 〈밴디트 퀸〉을 본 여학생들(송창현, 김천근)이 "교수님은 남자라서 성폭행당한 여자의 분노를 잘 이해하지 못하는 것 같다"고, 내 의견에 항의하였다. 영화에 더욱 공감할 수 있었다고 한다. 어쩌면 그럴지도 모르겠다.

🎥 실존 인물 풀란 데비는 1995년 2월 15일 인도 중부 낙푸르에서 불교로 개종하는 의식을 행했다. 낙푸르는 불가촉천민의 아버지 암베드카르(B.R.Ambedkar, 1891~1957) 박사가 50만의 불가촉천민과 함께 불교로 집단개종을 한 곳이다. 이후 정치에 참여했다가 몇 해 전에 사망했다는 뉴스를 보았다. 그녀의 명복을 빈다.

안량과 문추의 머리를 어떻게 돌려주시겠소?

● ● ●『삼국지』
(나관중, 범우사, 1995)

『삼국지』 속의 불교

아들과 함께 『삼국지』 공부를 하는 중에 『삼국지』에 나타난 불교적 가르침(法門)을 정리해 보았다.

1) 조조가 여백사 가족을 몰살하였는데(1권, p.131), 나중에 조조 아버지의 일가도 몰살당한다. 무서운 일이 아닐 수 없다. 뒷사람이 다음과 같은 시를 지었다.

> 조조는 세상이 자랑하는 영웅인데
> 일찍이 여백사의 전 가족을 몰살하더니
> 지금은 어찌 살해당함을 알지 못하는가.
> 천리의 순환에 인과응보는 잘못됨이 없도다.
> (1권, p.258)

2) 손건은 옥새를 숨기고, 원소의 추궁에 하늘을 가리키며 거짓 맹세를 한다. "내가 만일 그런 귀한 것을 얻어 이

를 사사로이 지니고 있다면 칼이나 화살을 맞아 불명예스럽게 죽을 것입니다."(1권, p.171) 어찌 거짓을 맹세로 덮을 수 있겠는가. 말이 씨가 된다고 나중에 손건은 그 맹세와 같이 죽었다.

3) 『삼국지』 전체에 걸쳐서 스님은 단 한 분이 나온다. 2번에 걸쳐서 등장하는데, 모두 관우와 관련 있다. 첫째, 관우의 '오관 참장(五關斬將) 장면에서다. 관우는 오관 중의 셋째 관문에 이르러, 진국사에서 변희의 속임수에 의해서 죽을 위기에 처하게 된다. 이때 눈짓으로 계책에 빠졌음을 알려 주어서 관우를 구해 준 분이 보정 스님인데, 관우와는 동향(同鄕)이었다(3권, pp.108~111). 둘째, 관우가 여몽에게 죽임을 당한 후 원혼이 되어서 떠돌 때의 일이다. 당시 보정 스님은 형주 옥천산(玉泉山)에 머물고 있었는데, 관우가 "내 머리를 찾으러 왔다"(7권, p.103)며 나타난 것이다. 억울해 하는 관우의 혼백을 향하여 보정 스님은 어떻게 말하였던가?

> 지난날의 시시비비는 가릴 것이 없습니다. 또한 원인과 결과를 따져본들 소용없는 일입니다. 지금 장군께선 여몽으로부터 해를 입으시고 '내 머리를 돌려 달라'고 하시는데, 그렇다면 안량과 문추 등 5관 6장(五關六將)의 머리를 장군께서는 어떻게 돌려주시겠소?(7권, p.104)

멋있는 설법이 아닐 수 없다. 관우 역시 범상한 인물은 아니지 않은가. 보정 스님의 설법에 원한 맺힌 마음을 풀고, "불법에 귀의하여 사라졌다"고 한다. 이후, 관우는 백성들을 보호하는 존재로서 추앙받고, 마침내는 도교의 신앙대상이 되었다. 신설동에 있는 동묘(東廟)는 그런 관우를 모신 곳이다.

☞ 범우사에서 펴낸 원본 『삼국지』 제3권에서는 기수관(沂水關)의 보정(普淨) 스님이라 하였고, 제7권에서는 사수관(汜水關) 보정(普靜) 스님이라 쓰고 있다. 어느 쪽이 옳을까?

유비, '법계도'의 순례자

『삼국지』 인물 중에서 내가 제일 존경하는 인물은 유비(劉備)다. 요즘의 세속적 평가와는 달리 나는 유비를 좋아한다. 유비의 삶 속에서 '법계도'(法界圖)의 의미를 파악해 볼 수 있기 때문이다.

위·촉·오 삼국의 업을 이룬 인물 중 가장 불리한 여건에서 출발한 인물이 유비다. 조조처럼 천자를 등에 업지도 못했으며, 손권과 같이 외침의 걱정 없이 비옥한 자연환경 속에서 든든한 가업(家業)을 계승한 것도 아니다. 그는 한실(漢室)의 후예라 하지만, 편모슬하의 한 촌뜨기에 불과하다. 20년이 넘는 세월 동안, 제갈량을 만나서 적벽대전을 승리로 이끌고 형주를 차지하기 전까지는 문전걸식의 삶을 누렸다 해도 과언이 아니다. 그가 일시적이나마 몸을 의탁한 군벌들은 공손찬에서부터 조조·도겸·여포·유포 등이었으니, 그의 삶은 그야말로 '굴곡(屈曲)의 삶' 그 자체가 아니었던가.

그러나 그 신산(辛酸)한 굴곡의 삶 속에서도 굴하지 않고 한길(一道)을 간다. 굴곡을 넘어, 패배를 넘어, 박대를 넘어, 유비는 끝내 한길을 걷는다. 그 결과, 마침내 촉을 세운 것이다. 그의 삶이야말로 굴곡을 넘어 한길을 걸어서 궁극에 이르고자 한 원력의 삶, 바로 그것이라 생각한다.

현재의 불행·실패·좌절, 그것들은 결코 끝이 아니다. 우리에게 '마지막 승부'는 남아 있고, 우리는 이렇게 한길을 걸어가지 않는가. 향상의 한길(向上一路) 말이다. 의상의 '법계도'는 이렇게 우리를 다시 일으켜 세우고 있는 것이다. 그 같은 메시지를 그림 속에, 미로 속에 나타내고 있는 것이다. 그 메시지를 이제 유비의 삶 속에서 읽을 수 있어서이다.

촉한(蜀漢) 정통설이 옳다

나관중의 『삼국지』는 위·촉·오 중에서 촉(蜀=蜀漢)을 한의 정통을 계승한 국가로 본다. 이른바 촉한정통설이다. 그런데 인(仁)을 내세우면서 우유부단한 모습으로 등장하는 유비(劉備)보다 한칼에 두 동강 내 버리는 조조(曹操)의 과단

성이 매력 있게 보여서일까. 조조의 위를 더욱 정통이라 그리는 『삼국지』 역시 등장하게 된다. 물론, 진수의 『정사 삼국지』가 이미 그러한 입장을 취하고 있었다고는 하지만, 그것은 역사가 승리자의 서술이기에 그럴 수밖에 없었다 치기로 하자. 그렇게 본다면, 조조의 위나라를 정통으로 보는 역사의식은 어디에서 유래하는 것일까? 이문열의 『삼국지』(민음사)가 바로 그러한 역사의식에 근거하고 있는 작품으로 말해진다. 유비의 인(仁)마저도 교묘한 계산에 의해서 우러난 것으로 그리고 있었던 것이 기억에 남아 있다. 그러한 역사의식이 수용되는 이면에는 우리의 현대적 삶의 세계가 유비와 같이 살아야 하기보다는 조조와 같이 살아야 생존할 수 있고, 경쟁에서 이길 수 있다는 공감이 이루어져 있기 때문인지도 모르겠다.

그러나 나는 중국을 가보고 이러한 생각에 문제가 있음을 알게 되었다. 오장원, 검문관, 촉도 등의 『삼국지』 현장을 답사하면서 내가 깊은 인상을 받았던 것은 제갈공명, 관운장, 조자룡 등 촉한의 주요한 신하들은 대개 도교의 신으로 떠받들어지고 있다는 사실이었다(서울에는 관운장을 모신 동묘 외에도, 제갈공명을 모신 '와룡묘'와 '무후묘'가 각각 남산과 보광동 보광사에 있다). 누가 그들을 도교의 신으로 승격시켰던 것일까? 바로 이름 없는 민중들 아니었을까. 역사의 주인이었으되, 이름을 사양하였던 그들에게 바로 촉의 신하들이야말로 감동을 주는 존재였기 때문이 아니었을까.

관우 사후 모습, 동묘

그들의 이야기 속에서 살아 있는 존재였기 때문이 아니었을까. 그래서 현실역사에서는 비록 패배하였다손 치더라도 영원의 역사 속에서는 한없는 신뢰와 애정을 기울여야 할 '님'이었기에 신으로 모셨던 것이 아니었을까. 만약 그렇다면, 『삼국지』의 세 나라 중에서 조조의 위나라보다 유비의 촉한을 중심으로 서술한 나관중의 역사의식 역시 바로 이러한 중국인의 민심을 읽고서, 즉 민심이라 이름 하는 역사적 평가를 읽고서, 거기에 공감한 결과가 아니었을까.

나는 그러한 이유에서 촉한정통설을 채택한 나관중 『삼국지』의 역사의식이 외면되어서는 안 되리라 본다.

(2007년 9월 28일)

5
꿈을 향한 비상

꿈★은 이루어진다

● ● ● 〈슈퍼스타 감사용〉
(김종현, 한국, 2004)

우리에게 야구는 무엇인가

일본 사람들에 대해서 진실로 궁금하게 생각하는 점이 두 가지 있다. 하나는 왜 십여 년 전에 죽은 가수 미소라 히바리를 그토록 잊지 못하고 있는가? 다른 하나는 왜 그렇게 프로야구에 열광하는가, 하는 점이다.

오늘 본 영화 〈슈퍼스타 감사용〉은 야구를 제재로 한 영화인 만큼 후자에 대해서만 잠깐 살펴보고 싶다. 물론, 우리에게도 프로야구는 있다. 그런데 일본의 프로야구(일본 사람들에게 있어서 프로야구)는 우리에게 있어서 프로야구가 갖는 층위/차원과는 분명히 다른 것 같다.

일본의 프로야구를 TV로 늘 보곤 했다. 제3의 고향 교토에 살 때, 당연히 한신(阪神) 경기는 한신을 응원하면서 보았다. 그때마다 늘 놀란 것은 경기장을 메운 인파 때문이었다. 매일이다시피 열리는 일상적인 경기임에도 불구하고, 경기장을 찾은 인파는 언제나 입추의 여지가 없었다.

우리의 코리안 시리즈 최종 7차전에 들어오는 인파 정도가 늘 일상적으로 야구장을 찾는다고 할까?

그 이유는 무엇일까? 도대체 일본 사람들에게 야구는 무슨 의미가 있는가? 물론 야구는 승부의 세계이다. 우리는 이기고 싶어 하는 욕망을 내가 응원하는 팀에다가 투영하여 우리 팀이 이기면 좋아한다. 그것은 우리에게도 있다. 그러나 일본 사람들에게 야구는 그 이상의 무엇이 있는 듯하였다. 그 해답을 김종현의 데뷔작 〈슈퍼스타 감사용〉은 보여 준다.

"〈슈퍼스타 감사용〉은 야구 영화가 아니다."

맞는 말이다. 그렇지만, 야구 영화다. 아니, 야구 영화니 야구 영화 아니니를 시비한다는 것 자체가 어쩌면 올바른 해답 찾기를 방해하는 것인지도 모른다. 야구 그 자체에 이미 우리의 인생 이야기가 들어 있다고 한다면, 굳이 야구 영화니 야구 영화가 아니니 하는 것이 무슨 의미가 있는가, 하는 점이다. 야구는 단순히 승부의 드라마가 아니다. 승부가 있긴 하지만, 거기에 우리의 삶이 놓여 있음을 간과해서는 안 된다. 그런 점을 일본 사람들은 살려 내고 있다. 그래서 야구 경기장의 승부는 끝나버렸지만, 그 이야기는 계속 되어가고 있는 것이다. 언제 내가 이런 어려움을 겪고 있을 때, 어느 팀의 어느 선수가 이런 경기를 했다. 그리고 나는 힘을 얻었다. 그때 그 선수를 꼭 한번 만나고 싶다. 캐치볼을 한번 하고 싶다. 'TV는 사랑을 싣고'처럼, 그 선수와 팬은 수십 년이 지났지만 만난다. 그런 이야기를 나는 일본 TV에서 보았다. 거기에 인생이 있는 것 아닌가. 아래 시 역시 일본 프로야구 요미우리 자이언츠의 어느 선수 이야기에서 시상(詩想)을 얻은 것이다.

　한 야구선수가 있습니다
　보내기 번트 세계신기록 보유자로 당당히 기네스북에 등재된 선수입니다
　1루에 나가 있는 我軍을 2루로, 2루에 나가 있는 我軍을 3루로 보내 주기 위해서
　당연히, 반드시
　그가 죽어야 이 작전은 성공합니다
　그가 산다면 작전 실패, 앞서 나간 아군은 지뢰를 밟고 죽게 됩니다
　매양 자기를 죽여서 我軍의 승리를 꾀하는 성스러운 祭祀만을 올리고 있습니다
　- 죽자, 그래 죽자
　21년 동안을 보내기 번트만 대주다시피한 선수입니다
　- 아빠는 왜 맨날 죽기만 하는 거야?
　아이들로부터 핀잔깨나 들었습니다
　물론, 그도 사람입니다
　화려하게 홈런을 날리고 돌아오며 하이파이브도 하고 싶고

하다못해 안타라도 치고 싶습니다
아니, 또 삼진이면 어떻습니까.
그 깜냥대로 속 시원히 헛스윙이나마 해보고 싶습니다
그렇지만, 그는 오늘도 그런저런 망상을 일기장 속에서 불태워 버리며
아무도 박수치지 않는 보내기 번트를 대고
죽어서 돌아옵니다
그런 야구선수가 있습니다

—김호성, 「번트선수傳」 전문

미래는 꿈꾸는 자의 것이다

〈슈퍼스타 감사용〉은 바로 그런 이야기다. 승부의 세계를 다루고 있으나, 승부의 세계를 넘어선 이야기. 그래서 훌륭한 영화이다. 성공한 영화다. 한마디로 말하면, 〈슈퍼스타 감사용〉은 꿈 이야기이다. 『꿈 이야기』는 출판되지 않은 내 [습작] 시집의 제목이기도 하다. 그래서 〈슈퍼스타 감사용〉을 말하는 것은, 내 시집에서 내가 말하고자 했던 많은 꿈들 중의 어느 하나에 대해서 이야기하는 것임을 알았다. 내가 이 글을 쓰는 이유이다.

〈슈퍼스타 감사용〉의 큰 주제는 꿈이며, 희망이다. 꿈을 갖는다는 것은 미래에 대한 희망을 가진다는 말이다. 불교적으로 말하면, 바로 미륵을 기다린다는 것이다. 미래는 아직 오지 않은 시점이다. 따라서 현실이 아니다. 그러므로

꿈일 뿐이다. 그러나 우리는 그러한 기다림으로 현실의 곤궁함을 이겨 간다. 꿈을 갖고 있는 한 그 기다림은 고통스런 시간이 아니다.

이 영화에서 감사용이 갖고 있는 꿈은 1승이다. 한 번은 이겨 보자, 이겨 보고 싶다는 것이다. 그것이야말로 투수의 존재이유이다. 그것은 동료들에 의해서 끊임없이, 또 스스로에 의해서 환기되는 실존적 고뇌의 테마가 된다.

꿈과 현실의 대립, 그것은 이 영화의 클라이맥스다. 바로 20연승을 눈앞에 둔 '오비' 팀의 전설적 투수 박철순과 한판 겨루기이다. 아니, 박철순과의 싸움이 아니라 꿈과 현실의 싸움이다. 그의 꿈이 꿈으로 머물지 않고 현실이 될 수 있는가 하는 점이다. 영화 밖의 우리는 감사용의 승리를 한없이 기대한다. 그런 기도와 기대, 기다림 속에서 우리는 영화를 본다.

김종현은 이성을 잃지 않는다. 그렇기에 꿈을 환각으로 만들지 않고 있다. 은아가 감사용을 응원하기 위하여 구장 밖에 도착하였을 때, 김우열의 한 방이 작열하고 감사용은 여전히 패전투수로 남게 된다. 현실은 벽이었다. 원년 우승팀 에이스, 미국 야구의 물을 먹은 박철순은 그저 직장인 야구 출신의 무명 감사용이 간단히 넘을 수 있는 벽이 아니었던 것이다. 이것이 현실이다. 만약 극에서일망정, 감독이 감사용의 승리로 극을 이끌었다면 이 영화는 실패로 끝났을 것이다. 어둠에서 밖으로 나온 관객들은 눈을 비비며

그것이 현실(現實)에서는 실현(實現)될 수 없음을 알게 된다. 그렇다면, 영화는 뭐였던가. 그저 사위행위에 지나지 않았던 것이란 말인가. 다행히 김종현 감독은 그 점을 꿰뚫고 있다. 그래서 여전히 우리에게는 다시 또 기다림의 시간이 주어진다. 꿈을 다시 품어 안고, 기다릴 것인가. 은아는 야구공을 감사용의 발밑으로 밀어주면서, 이렇게 묻는다.

"공 잡을래요?"

현실 속에서 실현되지 않는 것, 그것이 미래이다. 그것이 꿈이다. 따라서 우리가 한 발 다가가면 미래도 역시 한 발 물러난다. 그래서 미륵의 세계는 유토피아이다. 있을 수 없는, 실현될 수 없는 세상이다. [미학적으로 말하면, 김용옥이 『신춘향뎐』에서 말한 '기(起)-승(承)-결(結)-해(解)'에 정확히 들어맞는 구조이다. 박철순과의 대결이 바로 '결'인데, 그것으로 끝나는 것이 아니다. 그랬다면, 절망일 것이다. 다시 희망을 품어 안는 것/부활로 영화는 끝난다. 우리의 기다림은 영원히 계속된다. 사용은 이듬해 봄

마침내 1승을 얻었다. 하지만….]

감사용이 1승에 대한 희망을 품고 있는 순간, 그는 그 스스로 미륵이 된다. 너새니엘 호손의 『큰 바위 얼굴』에서 큰 바위 얼굴을 기다리면서 큰 바위 얼굴이 되어 가는 것처럼. 기다림 그 자체가 미륵이다. 기다리는 사람, 그가 곧 미륵이다. 승리자이다. 미륵경전들에서는 열 가지 선(十善)을 행해야 유토피아인 용화(龍華)세계가 이루어진다고 했다. 이 10선을 행하는 것, 그것이 곧 꿈을 품어 안는 것과 다르지 않다. 현실 속에서는 박철순이 승자이지만, 감사용은 게임에서 졌으되 진실로 빛나는 승자였다. 바로 희망을 갖고 있었으므로, 그리고 도전하였으므로. 박철순은 가볍게 조용히 감사용에게 머리를 숙이고 지나간다.

다시 한 번 우리는 또 물어야 한다. 어찌하여 감사용은 맨날 지면서 1승에 대한 희망을 버리지 않을 수 있었던 것일까? 여기서 우리는 〈슈퍼스타 감사용〉의 작은 주제를 만나게 된다. 바로, 사랑이다. "야구 하지 말라"고 말씀하시면서도 아들의 경기를 보려고 몰래 야구장을 드나들었던 어머니. 다 알면서도 아들의 뻥 튀긴 거짓말에 맞장구치시던 우리 어머니. 한 번도 등판하지 못한 무명선수인 사용에게 다가와 "사인해 주세요" 말하던 은아, 그리고 온 힘을 다 쏟았던 경기에서 역시나 패전하고 낙담하는 사용에게 다가와 넌지시 다시금 공을 굴려 주는 은아. 말썽쟁이지만 동생에게만은 '狂팬'인 형 삼용, 이들은 가족으로 묶일 수 있다. 가족의 사랑, 이야말로 우리에게 희망의 끈을 놓지 못하게 만드는 힘이 아닌가.

여기에 또 있다. 한때 회사의 상관들, 동료들, 소수의 팬들…. 이들이 보여 준 사랑은 우정이다. 우정이라는 이름의 사랑, 그것이야말로 미륵신앙의 본질이다. 미륵의 원어 maitreya는 친구를 뜻하는 mitra를 그 어원으로 갖고 있는 말이다. 미륵을 뜻으로 번역할 때, 중국에서는 자씨(慈氏)라고 하였다. 사랑과 우정 없이 어떻게 계속 희망을 품을 수 있단 말인가. 그래서 〈슈퍼스타 감사용〉은 꿈에 대한 영화이면서, 가족애와 우정에 대한 영화이기도 하다.

나는 「불교경전이 말하는 미륵사상」이라는 논문을 쓴 일이 있다. 그리고 그것으로 끝이었다. 사랑의 관음에 대한 논문은 끝없이 계속 써야 할 것 같은데, 미륵에 대한 논문은 더 이상 쓰지 못하고 있다. 미륵신앙, 즉 희망철학의 핵심/본질은 여기서 끝나기 때문인지도 모르겠다. 더 이상 할 말이 없다. 말이 무용(無用)하다.

말이 필요 없는데, 김종현이 〈슈퍼스타 감사용〉을 만들었다. 그래서 거기에 빗대어서, 했던 이야기를 한 번 더 해 본다. 이야기가 이야기를 낳는다. 이야기는 그렇게 계속 확대 재생산된다. 마치 우리의 꿈이 그런 것처럼. 그러면서 우리는 기다린다. 미륵이 되어서 미륵을 기다린다, 아니 미륵을 기다리면서 미륵이 된다.

(2005년 1월 25일)

열려 있는 바깥 세계에 대한 꿈

● ● ●『우체국』
(타고르, 정음사, 1974)

"인도문학"의 야외수업으로 예술의 전당 토월극장에서 타고르 작, 채윤일 연출, 〈우체국〉을 학생들과 함께 관람하였다. 2막.

학교 도서관에서 유영, 『타고르 전집 5』를 빌려서 그 속에 실린 『우체국』을 다시 읽어 본다.

병든 채 문(門) 밖 출입이 금지된 아이, 아마르.

"살리는 길은 단 한 가지밖에 없는데, 그것은 가을바람이나 햇볕을 쬐지 말라는 것이오." 의사의 말이다.

글을 모르는 맑고 순수한 영혼을 가진 소년 아마르는 창가에 앉아 지나가는 사람들, 우유 파는 아저씨, 시간에 맞춰 징 치는 순찰, 꽃 따는 소녀, 이장, 놀러 가는 소년들, 영감 들과 대화를 나눈다는 구조.

열려 있는 바깥 세계에 대한 꿈, 동경! 해방에의 기다림!

아마르의 집 건너편에 우체국이 세워지고, 임금님이 저 우체국을 통해 편지를 보내 줄 것이라는 말을 듣는다.

아마르: 저기요, 저 건너편 큰 집에서는 무슨 일이 벌어졌어요? 깃발을 높이 날리고 사람들이 밤낮 들락날락하는구먼요.
순찰: 오, 저기 말이냐? 저것은 우리 마을의 새 우체국이란다.
아마르: 우체국! 누구네?
순찰: 누구네라니? 그렇지, 정말은 임금님 것이지.
아마르: 편지가 임금님한테서 여지 있는 우체국으로 오나요?
순찰: 그렇고말고. 어느 때고 아마 네게 오는 편지도 그리로 올 게다.
아마르: 제게 오는 편지라구요? 그렇지만 저는 아직 어린앤데.
순찰: 임금님께서 어린애들에게는 조그만 쪽지 편지를 보낸단다.
아마르: 아, 재미있어라! 편지는 언제 오나요? 임금님께서 제게 편지를 보내는지 아저씨가 어떻게 알아요?
순찰: 그렇지 않다면 왜 임금님께서 하필 우체국을 여기 바로 너의 바깥 창문 앞에다 짓고 하필 황금의 깃발을 날리겠느냐?

'집'은 폐쇄된 닫힌 세계를, '창'이나 '우체국'은 열린 세계로 나아가는 최소한의 출발점이자 가교이고, '임금님의 편지'는 구원이다. '임금님의 편지'만 생각해도 아주 기뻐진다.

아름다운 영혼으로, 희망을 잃지 않고 꿈꾸면서 기다린

다면 마침내 구원이 온다는 메시지. 마침내 임금은 전의(典醫)를 보내온다. 임금이 보낸 전의는 문이며 창이며 다 열어젖히게 한다. 임금님께서 직접 행차하신다는 메시지도 전해 온다. 임금님의 행차를 기다리며, 비로소 평화롭게 잠드는/죽어가는 아마르.

나는 이 연극에서 마이트레야, 미륵(彌勒)을 기다리는 사람들이 가졌던 것과 같은 기다림을 본다. '기다림-희망-응답', 마치 미륵신앙에서 볼 수 있는 구조로 이루어져 있다. 마이트레야의 세계 역시 우리 모두 아마르같이 맑은 영혼이 되었을 때 이루어지리라.

(1999년 4월 29일)

날자, 한 번만 더 날자꾸나

● ● ● 〈즐거운 인생〉
(이준익, 한국, 2007)

모처럼 방학이라 집을 찾은 아들과 함께 〈즐거운 인생〉을 보았다. 이준익 감독의 〈라디오 스타〉도 좋았는데, 〈즐거운 인생〉도 좋다. 이제 나도 나이가 들었나 보다. 中年들의 삶의 애환에 더욱 애착이 가는 것을 보니 말이다. 바로 나 자신의 이야기이기 때문이리라.

中年, 과연 어떤 존재일까? 나는「中年」이란 짧은 시를 통하여 이렇게 노래한 적이 있다.

홀로 서야 할 그 凌線을 넘어섰네
내리막길

그런데 〈즐거운 인생〉의 中年들은 '내리막길'을 거부한다. '내리막길'에 수순하지 않는다. "날자, 한 번만 더 날자꾸나"고 외치는 듯하다. 다시 오르막길을 위해 힘찬 날갯짓이다. 락(Rock)의 자유와 일탈(逸脫)로부터 기(氣)를 받아 솟구친 힘이다. 휴화산이 아니라 활화산으로 꿈틀거리게 된다.

그만 하자. 더 이상 긴말이 무슨 소용이겠는가. 그래서 이 〈즐거운 인생〉에 대한 감흥을 시로 적어 보았다. 「즐거운 인생」이다.

겉으로 아무리 변변치 않게
못난 사람도
곰곰 따지고 보면
고귀한 신분의 브라만 聖骨이어라
저 찬연한
밤하늘 별의 아들이어라

한 별이
빛이 되어 그 몸속에
들어 있으니
아무리 날렵한 産婆라 한들 어찌

끊어낼 수 있었으랴
별빛이 황금의 胎 되어
자라고 또 자랐으니
보이진 않았으되
완전소멸은 不可抗力이어라
그 몸이 살아 있는 한
그 빛 또한 隱隱히 비추고 있었더라
비록
곤궁한 살림살이 속에서
누구의 빛은 IMF 때의 退出로 바둑 두러 출근이나 하더라도
누구의 빛은 아이와 함께 CANADA로 보낸 아내로부터 오쟁이를 졌더라도
그리고
또 누구의 빛은 宅配에 대리운전에 아내가 家出하더라도
그 한 가닥 빛만은
남모르게 타오르고 있었더라
큰 불이 되고 있었더라
다시 일어나
거대한 불
活火山으로 폭발할 때까지

모든 아픔
모든 슬픔 날려버렸더라
실업자면 어떠냐, 별빛이 깜박거리는데
이혼을 당했으면 어떠냐, 그의 몸속 별이 스틱 되어 드럼을 두드릴 수 있는데

復職이 안 되면 또 어떠냐, 힘껏 기타 줄을 당길 힘이 아직
남아 있는데
　그 빛들이
　모든 어둠과 새벽녘 추위를 몰아내 줄 수 있는데
　밝음과 따사로움을 안겨 줄 수 있는데
　그 中年의 빛
　어머니별이 불어 넣어 준 빛은
　한숨 크게 내려놓을 때 비로소
　다시 한 줄기 연기로 化現해서
　하늘로
　어머니별의 품으로 다시 안겨 가리니
　그때까지는 늘 춤추는 빛이 아니더냐
　너울너울
　그 빛을 들여다보고 있으니
　우리 인생 하마 즐겁지 않으랴
　즐겁지 않으랴

―김호성, 「즐거운 인생」 전문

(2007년 9월 14일)

유·통·분(流·通·分)*

비록 불교 이야기를 읽어 내고 이야기하는 형식이긴 하지만, 소설·희곡·설화와 영화 등의 이야기에 대해서 다시 이야기해 보았다. 이야기는 이야기를 낳고, 또 낳아야 하기 때문이다. 작품의 죽음은 이야기가 소멸되는 그 순간이기 때문이다.

---

* 불교의 경전을 해석할 때 경전의 본문을 크게 셋으로 나눈다. 서론에 해당하는 서분(序分), 주제를 제시하는 본론에 해당하는 정종분(正宗分), 그리고 마지막 결론이 와야 할 부분을 유통분(流通分)이라 한다. 결론이라는 의미에서 결분(結分)이라 말하지 않음은 주의할 만하다.

하나의 텍스트 안에서 논의된 주된 가르침(正宗分)이 그 텍스트 안에서 다 이루어졌다거나, 더 이상 할 말이 없다고 생각하지 않음을 나타내는 술어로서 말이다. 이 텍스트에서 말해진 가르침이나 사상은 또 다른 텍스트로 흘러가서(流), 그것과 서로 통하게(通) 된다는 것이다. 그러니, 지금 이 텍스트에서 행해진 가르침이나 사상은 완성이나 전체일 수 없으며 그저 한 부분(分)에 지나지 않는 것이다.

그런 점을 나타내기 위해서 이 책의 맺음말 부분을 '유·통·분(流·通·分)'이라 말하는 것이다. 소설과 영화 속에서 불교를 읽어내는 작업이나 이 책에서 이야기된 자기철학은 이미 발표된 내 저술이나 논문들 속으로 흘러가고 통한다. 그래서 그것들과 함께 '앞으로 형성될 자기철학'의 부분일 수밖에 없다. 뿐만 아니라, 그것은 장차 쓸 또 다른 글쓰기 속으로도 흘러가서 통하게 될 것이다.

그런 까닭에 지금 이 작업이 완성이나 맺음일 수 없는 아쉬움을 안고 있으면서도 각필(閣筆)해야 한다. 그래서 또 다른 세계, 또 다른 텍스트로 흘러가서 통할 그 미래를 꿈꾸면서 말이다.

그런데 문학비평가도 아니고 영화평론가도 아닌 사람이 왜 겁도 없이 소설이나 영화에 대해서까지 말하고 있는 것일까? 이러한 의문에 대하여 두 가지 방향에서 대답하는 것이 가능할 것 같다. 하나는 문학이나 영화 이야기가 아니라 궁극적으로는 불교 이야기를 하려고 한다면서 예봉을 피하는 방법이다. 불교는 내가 전문가이므로 그 점에서 이해를 구한다는 것이다.

그러나 보다 적극적으로 문제와 맞부딪칠 수도 있다. 문학이나 영화 역시 본질적으로 이야기인 이상 아마추어(독자나 관객) 입장에서도 다시 거기에 어떤 이야기를 덧보탤 수도 있지 않겠느냐는 것이다. 여기서는 주로 후자에 대하여 좀 더 그 정당성을 생각해 보기로 한다. 그 실마리가 『장정일의 독서일기』(범우사)에 언급되어 있다.

> 많은 문인들이 여러 잡지에 영화에세이를 기고하고 있으며 단행본 한 권 분량이 되자마자 출판사에서 책을 내려고들 야단이다. 이처럼 비전공자들이 전공자의 영역을 침범할 때 가장 먼저 피해를 보는 것은 그 분야를 공부하기 위해 많은 시간적·경제적 노력을 쏟아 부었던 전공자들이다. 막말로 하자면, 그것은 '그릇 침탈'이고, 더욱 심하게는 '밥그릇 깨기'다. 그래서 영화 평론가들은 비영화 전공자들의 영화에 대한 글쓰기에 일종의 위협을 받고 있다고 느낄지도 모르며, 아닌 게 아니라 한 2년 전쯤 어떤 한국영화를 두고 이제하와 지상논쟁을 벌였던 영화기호학 박사이자 한국영화 평론가 한 사람은 "신문에 게재되는 문인들의 영화평은 한

국영화의 발전을 저해한다"는 요지의 발언도 하였던 바 있다.(pp.202~203)

이는 『김성곤 교수의 영화에세이』(열음사, 1994)에 대한 독후감 속에서 나오는 내용이다. 이러한 논쟁이 있었는지, 어떤지에 대해서 솔직히 나는 몰랐다. 우선 '영화가 빛의 속임수인 만큼 비전공자에 의한 해석의 다양성'(p.203)이라는 관점에서 비전공자의 영화에세이를 긍정할 수 있을 것이다. 작가 장정일은 여기서 한 걸음 더 나아가 아주 재미있는, 그럴듯한 사회학적 이유를 제시한다. 작가에 의한 영화에세이는 "사회유명인에 대한 참을 수 없는 가벼운 호기심을 달래준다"(p.203)는 것이다.

솔직히 말하건대, 이러한 문제에 대해서 내가 아마추어 비평을 옹호하려는 까닭은 나 역시 겸허하게 아마추어로서의 지위에 만족하지 못한 채 이 책에서 소설이나 영화에 대한 해석행위를 하고 있기 때문이다. 그것은 어떻게 정당화되는가? 해석의 다양성이라는 이유만으로 정당화되는가? 작가도 아닌 나는 이름 없는 사람이니 사회유명인사도 아닌데, 어떻게 그런 내가 감히 소설이나 영화에 대해서 해석을 할 수 있는가? 그 정당성은 어디에서 찾을 수 있단 말인가? 나는 작가의 영화에세이는 다만 단순히 '해석의 다양성'이라는 측면에서 용인될 수 있는 일에 그치지 않는다고 본다. 작가나 문학전공자들에 의한 영화평은 정당한 행위라고 보는 입장이다.

어째서 그러한가? 영화라는 예술장르가 '종합예술'이라고 하더라도, 기본적으로 나는 '영화 역시 의사소통행위'라고 보기 때문이다. 영상의 아름다움만을 앞세운 채, 무슨 말인지 알 수 없으며, 내내 잠만 오는 영화는, 그것이 비록 외국의 유명한 영화제에서 큰 상을 받고 돌아온 것이라 할지라도, 나는 별로 긍정하지 않는다. 문학과 미술 등이 조화를 이루어야 하겠으나, 어디까지나 기본은 문학이다. 이야기가 아닌가? 그런 점에서 내가 영화를 보고 감동을 받을 때는 그 영화의 스토리가 긴 여운을 남길 때이다. 시나리오가 영화의 생명이라고 보는 까닭도 바로 여기에 있다.

그런 점에서, 문학의 전문가들이 영화를 이야기하는 것의 정당성은 확보된다. 여기서, 반론이 제기될 수 있다. "영화는 예술이다. 그리고 예술에서는 내용(기의)이 중요한 것이 아니라 형식(기표)이 중요하다." 옳은 말이다. 그런 점에서 영화를 제대로 공부한 전문적인 영화평론가들의 영화평론이 보다 깊이 있는 영화감상으로 인도할 수 있을 것이다. 이러한 점을 인정한다 하더라도, 영화의 형식에 대한 전문적 식견을 갖춘 기술적인 비평은 영화 학도를 대상으로 하는 글쓰기에서는 우대 받아야 할 것이다.

그러나 여기서 우리에게 문제되는 것처럼 '여러 잡지에 영화에세이를 기고'하는 일이나 영화에세이를 책으로 펴내는 일 등에 있어서는 반드시 작가들의 글보다 우대받아야 할 이유가 없다. 오히려 신문이나 잡지 혹은 책을 통해서 영화 이야기를 듣는 나 같은 일반 독자에게는 영화를 전공한 영화평론가들의 형식우선적인 영화에세이는 별로 다가오지 않는다. 기술적인 비평은 우리에게 너무 어렵고 고원하기 때문이다. 그런데 참으로 결례가 될지 알 수 없는 말이지만, 내 좁은 견문에 의하면 신문·잡지·단행본을 통한 영화전문가들의 영화 이야기에서 그렇게 형식적인 측면에서 비평을 한 사례를 별로 기억하지 못한다. 물론, 그들 역시 독자들에게 맞추기 위해서 대기설법(對機說法)을 했던 것으로 이해할 수 있는데, 내 독서체험으로는, 참으로 거듭 미안한 말이지만, 형식이 아니라 내용의 분석과 의미부여 행위에 있어서는 비영화전공의 작가나 문학전공 교수의 글이 영화전공 영화평론가의 글보다 훨씬 "좋았다"는 사실이다. 예컨대,『김성곤 교수의 영화에세이』,『문학과 영화』(민음사, 1997), 김화영 교수의『어두운 방안에서 내다본 밝은 세상』(현대문학, 1996), 김영민 교수의『철학으로 영화 보기, 영화로 철학하기』(철학과현실사, 1994) 등에서 훨씬 더 깊고, 새로운 해석들을 얻는 즐거움을 가질 수 있었다.

감히, 위에 거명한 교수님들과 같은 반열일 수 없지만 불교학자로서 나는 불교적 분석이 가능한 소설/영화에 대해서 불교는 비전공이면서 소설/영화는 전공인 사람의 글쓰기가 가능하다고 인정하는 만큼, 소설/영화는 비전공이지만 불교는 전공인 사람의 글쓰기 역시 가능할 것으로 생각하였다. 다만 반밖에 전공이 아니기 때문에, 이 책에서 내가 언급한 소설/영화는 거의 불교와 연관되는 것으로 한정되었다. 전공자에 대한 예의로서가 아니라, 그렇지 않은 경우 덧보태어야 할 나만의 이야기를 가질 수 없었기에 자연스런 일이었다.

이제 문제는 '누가' 말했는가가 아니라 '어떻게/무엇을' 말했는가가 되어야 한다. 소설/영화와 같이 가장 보편적인 문화에 대한 체험과 그 해석은 글쓴이의 신분이나 전공에 따라서 평가될 것이 아니라, 그 내용에 따라서 평가되어야 할 것이다. 『열반경』은 "법에 의지하며 사람에 의지하지 말라"(依法, 不依人)고 하지 않던가. 여기서 '법'은 내용이고, '사람'은 전공자 여부를 지칭한다. 법보다 사람을 앞세우게 될 때 우리는 닫히게 되고, 사람보다 법을 앞세우게 될 때 우리는 열리게 된다. 그래서 『금강경』은 말하고 있는 것 아니던가. "이 자리는 평등하니 높고 낮음이 없다."(是法平等, 無有高下)

김호성(金浩星)

동국대 인도철학과에서 학사, 석사, 박사학위 취득. 현재 같은 학과의 교수. 일본 '불교대학(Bukkyo University)'에서 객원연구원 역임(2002.9~2003.8).
1989년 이후 현재까지 인도철학과 불교에 관한 논문 60편을 발표하였다. 『대승경전과 禪』(문광부 선정 우수도서), 『천수경의 새로운 연구』(학술원 선정 우수도서), 『천수경의 비밀』, 『방함암선사』, 『해설이 있는 우리말 법요집』(이상, 민족사), 『어린이 천수경』(불광출판부), 『배낭에 담아온 인도』(여시아문), 『천수경과 관음신앙』(동국대 출판부), 『책 안의 불교, 책 밖의 불교』(시공사), 『계초심학인문 새로 읽기』, 『일본불교의 빛과 그림자』(이상, 정우서적), 그 외 번역서로 『인물로 보는 일본불교사』(동국대 출판부), 『원각경 승만경』(공역, 민족사) 등이 있다.
그 밖에 일본불교사의 이해 증진을 위하여 부정기간행 잡지 『일본불교사 공부방』을 펴내고 있다.

이메일 : karuna33@dgu.edu
홈페이지 : http://www.freechal.com/karuna33

불교, 소설과 영화를 말하다

김호성 지음

2008년 5월 1일 초판
2012년 3월 5일 2쇄

펴낸이 : 이성운
편집·교정 : 청향심, 박진철
펴낸 곳 : 정우서적
서울. 종로구 수송동 두산위브 1020호
등록 1992. 5. 16. 제2-1373호.
Tel : 02 / 765-2920

값: 10,000원

ISBN 89-8023-128-8　93810